中國信託行業熱點問題研究

中鐵信託博士後創新實踐基地 ○ 著

崧燁文化

中國信託行業熱點問題研究

編委會

主任委員：郭敬輝　景開強　馬永紅

副主任委員：王　興　陳　赤　管百海

委　　員：劉發躍　朱曉林　錢思澈　黃霄盈

前　言

　　隨著經濟進入新常態，信託業轉型持續深入。雖然信託仍居金融業第二大子行業，但是行業增速逐漸放緩。隨著基金子公司等迅猛增長，大資管市場競爭愈發激烈。行業內，增資擴股潮再起，機構持續兩極分化。轉型，不僅是公司戰略和管理機制的變革，更是業務結構的調整。在此過程中，行業研究對創新業務的支持將更加明顯。基於此，本書整理了近年來的研究成果並出版，既是對以往成就的總結，也便於行業交流。

　　中鐵信託博士後創新實踐基地成立四年多以來，依託研究發展部在行業研究、創新業務研究等各方面都成果豐碩。產品研發方面，先後對資產證券化、水務基金、城市軌道交通產業基金、PPP等創新業務進行了研究和產品設計。

　　中鐵信託歷來高度重視研發工作，形成了以博士後為基礎研究平臺、研發部為應用研究平臺、創新業務分部為創新實踐平臺的創新開發體系。公司先後取得行業峰會論文特等獎、十佳優秀論文等榮譽，牽頭或獨立承擔了信託服務實體經濟、互聯網金融、央企全產業鏈金融等一系列信託業協會和中國中鐵股份有限公司的重點課題，並在多家知名行業媒體上發表大量研究性文章。

　　本書是中鐵信託博士後創新實踐基地出版的第二本專著，主要包括2015—2016年公司的代表性研究成果。第一本報告《信託前沿問題研

究》發布於2014年底，本書乃是承上啓下之作。一方面，在風格和宗旨上沿襲上一本，主要來自公司既有的成果，選題涵蓋信託行業研究、業務探索等；另一方面，本書還積極創新，內容納入了三份年度專題研究報告，從而做到了專題深度研究與行業前沿問題研究的結合。

《中國信託行業熱點問題研究報告》分為三部分。

第一部分是理論研究篇。首先，理論上對行業發展從定位、發展階段和轉變三個角度進行了闡述。其次，公司的戰略規劃決定了發展方向，同時產融結合也是產業類央企背景信託公司的重要戰略方向，因此放入公司戰略研究也是應有之義。最後，還對慈善信託、互聯網金融在理論上進行了探討。

第二部分是業務探索篇。行業轉型最終要落腳到業務上面，因此業務探索是第二部分的重點，既研究了房地產、基礎設施等傳統業務如何應對新形勢，也分析了投貸聯動、財富管理等創新業務如何積極拓展。

第三部分為針對基於2015信託公司年報的三個專題研究。2015年資本市場異動，證券業務和自有資金股權投資成為業務亮點，因此前兩個專題研究是證券業務和自有資金股權投資。第三個專題研究則是創新業務發展。對於行業轉型期內各家公司的創新業務進行深度分析，從而為業務發展提供參考。

以上各篇通過行業、公司、業務三個層面對於轉型期內信託業進行了全方位的分析，以期對行業的轉型和發展提供一些借鑑。

由於時間和精力、資源所限，再加上信託行業尚待研究的問題很多，難免有很多疏漏，不足之處在所難免，請各位讀者不吝賜教。

目　錄

理論研究篇

信託業發展定位分析 …………………………………… 郭敬輝（3）
中鐵信託「十三五」戰略規劃的思考 …………………… 王　興（9）
新經濟與信託業轉型需迫切進行的三個轉變 …………… 朱曉林（23）
慈善信託揚帆起航 ……………………………………… 陳　赤（30）
慈善信託溯源和創新模式探討 ………………………… 王玉國（38）
互聯網金融下的信託創新 ……………………… 陳建超　朱曉林（48）

業務探索篇

信託公司產融結合之路如何推進 ……………………… 王　興（59）
「走出去」模式：全球資產配置的投資路徑 …………… 陳　赤（66）
融資類信託如何擺脫「明日黃花」宿命 ……… 管百海　劉發躍（73）
做好房地產信託項目選擇，從源頭管控房地產信託風險
　　　　　　　　　　　　　　　　　　　　………… 管百海（84）
多樣化探索投貸聯動的信託模式 ……………………… 陳　赤（90）

「名股實債」業務模式中的法律風險及其防範
　　……………………………………… 陳　敦　王　紅（99）
信託客戶風險承受能力透視
　　——基於客戶調查問卷 ……………………… 劉發躍（118）

年報分析篇

信託公司證券業務發展研究報告（2015—2016）……… 朱曉林（133）
信託公司自有資金股權投資研究報告（2015—2016）
　　………………………………………… 黃霄盈　朱曉林（155）
信託公司創新業務發展研究報告（2015—2016）
　　………………………………………… 錢思澈　朱曉林（190）

理論研究篇

信託業發展定位分析

郭敬輝[①]

近年來，信託業的資產管理規模保持了高速增長。隨著中國經濟發展步入「新常態」階段，信託業如何在新形勢下，明確階段定位、挖掘創新動力、重塑自身形象、協同經濟轉型是當下需要考慮的問題。

一、製度約束塑造信託業的組織行為

信託業當下的高速發展不是偶然現象，是製度約束下的必然選擇。信託業置身於由法律法規、行業自身規則和社會價值等構成的複雜製度框架中，製度約束了行業的逐利範疇，塑造了信託的獲利行為。當製度框架約束空間發生改變時，信託業的發展定位也應做出相應調整。

首先，信託業的擴張發展得益於內外兩個基本製度的保障，外部為以分業監管為特徵的國家金融監管體制，內部為《中華人民共和國信託法》（下文簡稱《信託法》）。前者奠定了早期信託業製度紅利來源的基礎，後者決定了信託業主業經營的製度優勢。

其次，在漸進式製度變遷過程中，製度矩陣中正式製度與非正式製度在信託業現狀的形成中扮演了不同的角色。信託業確立了「一法兩

[①] 郭敬輝，中鐵信託有限責任公司董事長。該文發表於《中國金融》2015年第3期，內容略有修改。

規」的製度框架，但相關配套正式製度缺乏。行業發展與製度建設落後之間的矛盾，使信託業在逐利的驅動下為贏得聲譽，將剛性兌付演化成為一種硬性約束。信託業借助自發形成的非正式製度彌補正式製度的不足，維護行業發展慣性。因此，以當下信託業的製度結構看，正式製度下資金運用的軟約束、盡職管理製度的弱約束與非正式製度下的剛性兌付維持了行業發展暫時性的基本平衡。

最後，製度約束不是靜止不動的，而是動態變化的過程。製度約束的變化取決於製度框架的變遷，其發展程度決定了行業的發展階段，同時行業發展的不同階段也要求相應製度框架的匹配。

由於當下原有的信託製度框架已經無法滿足行業發展要求，重構製度約束體系已經迫在眉睫。以剛性兌付為例，在行業發展初期，其滿足了正式製度發展滯後情況下行業發展的實際情況，實現了對行業高速發展的隱性擔保。但當外界製度環境發展變化後，剛性兌付硬性約束的兩面性逐漸顯露出來：一方面，行業發展中逐漸暴露的各類風險引發的聲譽風險，在剛性兌付下暫時得到緩解；另一方面，信託公司面臨著這一隱性擔保所帶來的流動性風險壓力。從製度的角度來看，改變剛性兌付最有可能的路徑就是完善已有的正式製度，構建公司治理、資本約束和行業救助等機制，完善盡職管理製度，建設風險防禦體系等。新型體制框架的構建是解決非正式製度與信託本質間矛盾的關鍵。

二、製度框架的修正改善信託業的發展環境

近年來，信託業簡單擴張模式在「泛信託時代」進程中隱藏的矛盾不斷顯現，這些問題既包括行業結構性的，也包括信託公司個體的。當原有的製度框架在不斷變化的外界環境下無法滿足信託組織的逐利需求時，內嵌於製度框架內的組織就會通過自身努力對其重新修正，如業

務創新拓展、風控體系建設、保障機制構建等，來滿足自身發展的真實要求。隨著監管政策的變化，其他金融行業在業務形式上已經完成了與信託業務的趨同，信託業的比較優勢和製度紅利開始消失。曾經的強制性製度變遷使得信託公司能夠充分發揮自身跨界經營的優勢，但目前行業的創新能力相對薄弱，後發優勢已經難以持續。

同時，外界製度框架的改善也為信託業的發展不斷提供新的逐利機會：第一，金融改革將重構金融市場，利率市場化、多層次資本市場、資本項目開放等將對信託業轉型帶來一個全新的外部環境；第二，同業合作的深入、監管限制在「泛信託時代」不斷減少，為信託業進一步發揮信託製度優勢提供了空間。外界環境變化為信託業修正自身製度框架提供了基礎，同時加強了行業自身的危機意識，推動其為適應新環境進行前瞻性的思考。

三、製度路徑選擇引導信託業階段性發展

信託業的發展應該是逐層遞進、不斷深化的過程，並且無法脫離中國社會的整體發展。任何事物的發展都是由於認知局限，基於原有製度產生路徑依賴，信託業同樣基於對信託含義理解的深入而逐步實現自身的發展。

（一）信託發展階段的劃分依據

信託具有廣泛的內涵和外延，其製度安排及製度變遷決定了組織對信託關係的運用範疇和操作方式。據此，筆者提出信託自由度的定義，用來衡量信託在相對穩定的製度框架內的行動範疇。信託自由度可定義為運用信託關係的組織可以介入和深入的社會領域。因此，信託自由度越大，介入的領域就越廣，影響力也就越大，反之亦然。

（二）信託業發展的三個階段

信託自由度取決於兩個因素，一是業務領域，二是外界環境。據此

可將信託業發展劃分為三個階段：

第一階段是信託業的「一法兩規」確定了其行業屬性後至 2012 年「泛信託時代」來臨前夕。此階段的外界製度特點為保護信託業，使其在半封閉狀態下運行，內部特點是業務簡單、崛起迅速、競爭能力較弱。

第二階段起始於「泛信託時代」來臨。其外部製度特點是綜合金融服務意識成為主流，對信託業的製度保護狀態逐步瓦解；內部特點是信託依靠自身的原始累積積極介入多層次市場運作，業務趨於複雜，競爭能力快速提升，逐步展現信託關係優越性。

第三階段的起點為綜合服務集成意識伴隨金融鏈條的重新聚合而淡化，新的信託業重組思想產生。特點為：信託多層次市場運作的營運模式將產生分化，新的業務發展有可能向橫向多維化、縱向專業化的路徑延拓，信託關係被廣泛運用在社會關係範疇體系中。

四、信託業的階段定位

當前，信託業剛剛進入第二階段的初期，也是信託業發展的關鍵時期，階段定位的準確性是適應信託業保護製度的瓦解、實現多層次市場運作、提升競爭能力的關鍵，也為信託業在第三階段金融鏈條的重新聚合中能夠廣泛運用信託關係打好基礎。信託業在第二階段的定位為完善信託製度、擔當信託責任、延拓信託功能。

第一，完善信託製度。信託製度目前主要表現為一種財產轉移與財產管理製度，這與中國的金融市場發展水平、社會資產初期的快速累積和「泛信託時代」的起步有關。信託業在第一階段的高速發展是以製度保護為特點的，業務模式簡單；以「泛信託時代」為起點的第二階段的劃分標誌就是製度保護圍牆被打破，信託業前期業務模式受到衝

擊，相比其他金融機構主業與副業（泛信託業務）的共同發展，信託業的主業與副業都是信託業務。其他行業履行的是信託責任，信託業則具有明確的信託法律屬性。因此，完善信託製度是基於行業自身發展需要，強化行業競爭能力是信託業無法推卸的責任。

第二，擔當信託責任。信託關係下的信託責任是委託人與受託人形成的一種契約，其中心是「信任和托付」，也是社會文化建設的基礎，在第二階段信託責任的擔當是信託業社會責任所在，信託責任的擔當應由被動執行向主動實施漸變。信託責任是一種社會責任，從行業角度來看，「賣者有責，買者自負」「盡職免責」是對信託責任的基本要求，前者判定了賣者和買者之間的責任劃分，後者是對賣者責任的要求。從目前製度的完備性來看，盡職的判定具有極強的主觀色彩。主動做好信託的責任是一種態度，卻難以度量，因此以被動取代主動成為無奈之舉，最具有代表性的莫過於剛性兌付，隱性擔保扭曲了責任的主動意識。

責任的主動擔當是信託業完成第二階段多層次市場參與的保障，是完善信託製度的基本步驟。不論是通過柔性製度設計還是硬性打破剛性兌付都會對行業發展產生衝擊，如何衡量由此產生的未來收益和當下損失，集結自上而下的製度變革和自下而上的漸進式推動力量，都需要信託業先破後立的責任擔當。

第三，延拓信託功能。第二階段區別於第一階段的顯著特徵就是信託業務趨於複雜，信託功能建立在信託關係上，信託關係的延拓基於信託業務範疇的拓展。當下社會經濟轉型，金融改革走向深化，信託業正面臨業務發展的良機。對信託業功能延拓影響深遠的金融市場重構包括利率市場化、多層次資本市場建設和資本項目開放三個方面。

存款利率市場化一方面將推動投融資市場和資產管理市場的變革，

另一方面也會強化金融同業競爭，刺激債權類產品收益和理財產品資金成本的市場化，對信託業的營銷能力、資金規模、項目質量、風險控製都帶來挑戰。

多層次資本市場建設將會促進包括信託在內的非銀行、民營金融機構的發展。信託業將進入併購市場與衍生品市場，推進股權投資，介入資產證券化，特別是在地方政府債和市政債的發展中獲取新的業務機會。

資本項目開放將促進直接投資、企業跨國兼併重組，豐富私人投資理財途徑。資本項目開放為信託業提供海外投資機會，促使其拓寬自身高端客戶的財富管理渠道，發揮財產管理與財產轉移的作用。

信託製度的完善能激發信託責任的擔當，信託責任的擔當則是對信託功能延拓的基本保障。以上三者相互依託、互相遞進，構成當前信託業第二階段初期的定位。

中鐵信託「十三五」戰略規劃的思考

王　興[①]

2015 年是金融改革進入深水區的關鍵之年，是中鐵信託「十二五」規劃的收官之年，亦是「十三五」規劃的謀劃之年。全面總結「十二五」的經驗與不足，認真謀劃「十三五」是 2015 年公司戰略層面最為重要的工作。

一、穩健進取，中鐵信託「十二五」再創新篇章

「十二五」期間，中鐵信託以行業一流現代金融綜合服務企業為經營戰略目標，在兩個維度進行定位：一是以信託製度優勢的縱深挖掘為導向，打造一體化金融鏈條；二是強化內功修煉，嚴控風險底線，在適度多元化中強調專業化、差異化金融服務。縱觀公司過去五年間發展，取得良好的成績，為未來戰略制定奠定了堅實的基礎：

第一，戰略目標全部實現。2014 年年末，中鐵信託淨資產 47 億、淨資本 37 億、公司資產管理規模達到 2,100 億元，均遠遠超出原有計劃指標。集合資金信託規模、營業收入、淨利潤及人均利潤達到行業先進水平，所有信託項目實現百分百兌付。

第二，躋身中國一流信託公司，積極踐行自身社會責任。2010 年

---

① 王興，金融學博士，中鐵信託有限責任公司副總經理。

起，中鐵信託連續五年榮獲「中國優秀信託公司」稱號；近年來，先後獲得「年度優秀信託品牌」「年度最佳理財服務品牌」「最佳研發團隊」「年度最佳信託公司」「年度最佳理財服務品牌」「優秀理財管理團隊」、全國鐵路總工會「全國模範職工之家」等榮譽。2012 年 12 月，中鐵信託牽頭與四川省慈善總會成立了「中鐵信託愛心基金」，已成功募集善款 270 餘萬元，成功實施了養老助學慈善公益項目。

第三，全國化佈局基本完成。中鐵信託積極開拓外地市場，完成北、上、廣、深四個一線城市的業務、銷售網點的佈局。在廣泛調研的基礎上繪制全國財富地圖，率先完成武漢、重慶兩個重點二線城市的網點建設，為今後大中國財富佈局累積了經驗，異地部門對總部形成了有利的支撐，促使公司在區域結構上更加合理。

第四，業務結構更趨優化。一是審時度勢，適度調整核心板塊的組成要素，在原有房地產、工商企業為主投資領域中補充二級市場業務，中鐵信託積極探索行業升級、轉型，創新已有業務板塊交易結構，通過債券、股權或物權等多種方式的靈活運用，以資金需求為著眼點開展主動管理類業務，佈局新興產業，提供企業重組、併購、項目融資等所需的一攬子金融需求；二是在資金投入比例上，集合資金信託計劃與單一信託之間均衡發展，平衡風險與收益回報，保持公司收入的穩定來源。

第五，資源整合取得進展。在產融結合方面，挖掘中國中鐵股東資源優勢，服務中鐵系統內部優質項目，並形成多種商業模式，積極調配科研力量，研究部署城市軌道基金的可行性，深入調研中鐵軌道交通產業園金融平臺搭建的可實施性，建立與中國中鐵財務有限責任公司等機構的合作關係，拓寬現有業務範圍。在子公司資源整合方面，入股富滇銀行，利用其網點優勢和客戶資源，加大業務合作力度；強化與寶盈基金子公司的業務合作，在專戶理財、證券投資等資本市場實現協同，利

用中勝達子公司平臺拓展二級市場業務，形成有序、協同發展的良好局面。

第六，創新能力得到提升。2012 年 10 月，公司正式取得博士後創新實踐基地資格，是四川省內第一家獲得該資格的金融機構，也是信託行業內第四家獲取該資格的公司，進一步強化了基礎研究，完成了從理論向實踐轉換工作的「最後一公里」。公司加強研發能力的設計功能，自下而上的逐步推進，在要做好市場和客戶細分的基礎上，積極開展信貸資產證券化，成功發行成都銀行信貸資產證券化項目，提高資產證券化業務的附加值。探索家族財富管理，產業基金的推行工作，完成消費品信託，養老信託、土地信託的前期研究，不斷延拓信託的定位功能。中鐵信託不僅在業務上給予大力支持，並且大力推進基礎研究，完成中國中鐵產融結合金融平臺設計，信託公司流行性風險構建等一批重大專項課題的研究。

第七，機構調整初步到位。針對信託資產管理規模的不斷擴張，中鐵信託不斷調整、完善公司機構設置，完成專人、專崗的精細化管理。具體包括整合公司資源，成立證券業務團隊，分設風險管理分部，合規法律分部，強化 IT 系統建設，組建信息技術分部，成立營銷管理部，集中發揮營銷中後臺的支撐作用；通過機制化設計，完善異地機構市場競爭主體的功能，明確各地網點的地位和業務方向。中鐵信託通過不斷努力，細化了管理條線，提升了風險控製能力，提高了工作效率。

值得一提的是，按照監管要求及相關規定，中鐵信託進一步明確了審計的獨立性，強化公司職能部門的專業化水平。

第八，風控體系更趨完善。中鐵信託一直以風險管控為自身生命線，在「十二五」期間，進一步完善了風險管理的相關規則製度，制定盡職調查規範條例等，針對新問題，新情況發布了43 個風控指引，

強化對項目後端風險把控能力，特別是股權類集合資金信託計劃的風險管理；強化風險控製措施落實，開展大額及集團客戶的風險排查，公司派駐風險巡查員到異地現場，有效提高了項目的管理水平；加大風險管理的研發工作，制定 2014 年公司重大專項課題「信託機構流動性風險管理體制建設」，逐步推進風險管理的定性與定量相結合，通過科學管理體系的建設，實現合規、法律、風控的有機結合。

第九，IT 建設取得成效。在互聯網金融、大數據背景下，中鐵信託積極推進網上信託交易系統的上線，研究高流行性信託產品的設計工作；開展移動辦公、反洗錢和 EAST 網路系統，為客戶提供了方便、提高了效率。同時，中鐵信託構建了高效、集約、共享的信息平臺，將公司的管理與信息系統有機結合起來，重視系統的管理安全，提高內部管理效率和信息系統輔助決策能力，提升執行力。

第十，全面改革已經起步。公司深入貫徹十八屆三中全會《關於全面深化改革若干重大問題的決定》的精神，嚴格執行《中國中鐵全面深化企業改革指導意見》的總體要求，形成《中鐵信託有限責任公司關於全面深化改革促進發展的意見》，在公司內部形成共識，全面增強改革的緊迫感和責任感，深化改革的總體思路，循序漸進推進 11 項改革工程，制訂全面深化改革的工作方案。

二、審時度勢，中鐵信託直面挑戰

中鐵信託「十三五」戰略規劃的制定深植新常態大背景，正確認識經濟的發展狀態和速度狀態，才能主動適應發展理念和模式，借力改革創新，積極引領信託公司新轉型升級動力和方式，努力提升行業發展水平和競爭力。

在經濟新常態背景下，信託行業發展戰略的制定邏輯必須認真探究

頂層製度框架設計中信託行業所面臨的發展方式、發展動力、體制機制的根本性轉變，依託自身的製度優勢，在改革中實現轉型升級，在創新中實現競爭突圍，在製度變革中實現信託行業的長治久安。

戰略規劃研究與制定的首要問題是認真辨析「變」與「不變」的問題。「不變」是指中鐵信託中長期發展目標的穩定性，中鐵信託一貫秉承的「致力於成為行業一流現代金融綜合服務企業」是符合行業發展趨勢，具有長期戰略指導意義。「變」是指實現中鐵信託發展戰略需要因時制宜，是大背景下的順勢而為，是競爭格局的不斷要求。中鐵信託在「十三五」規劃的開局之年，必須直面一個極具挑戰的變遷時期。

第一，信託面臨風險暴露與處置，處於全面風險管理體系的重構與完善期。2014年，在13萬億信託機構託管的資產規模中，風險項目資金占比為0.55%，遠遠低於同期銀行等同業的不良資產率，但每每風險資產的暴露，總能在國內鬧得沸沸揚揚、影響巨大。究其緣由，除了製度層面的「賣者盡責，買者自負」的信託文化遲遲沒有建立、信託公司面臨剛性兌付及聲譽風險的巨大考驗外，還有以下因素：

因素之一是信託機構發展歷程尚短。中國信託行業自1979年復業以來，歷經坎坷、頑強生存、競爭發展，逐步建立起了製度框架，與中國銀行史相比還非常短暫，存在很多的不足。例如，沒有累積銀行不良資產處置經驗，包括資產剝離、資產處置、在特殊經濟背景下設立資產管理公司等，因此缺乏有效的處置機構、完整的製度機制、經驗累積匱乏，手段單一，這些都極大地限制了信託公司面臨不良資產時的管理能力。

因素之二是內控能力存在不足。信託機構在製度層面已經基本建立了完整的風險控製，從未來競爭需要和業務拓展的現實情況來看，風險管理委員會的獨立性、風險製度的完備性、風險處置的及時性、責任追

究的嚴肅性等一整套機制都還可進一步完善。

第二，信託面臨新金融業態或新形態衝擊期。當下，中國經濟進入了新金融業態的爆發期，體現在互聯網與金融結合過程中的新興金融業態創新和傳統金融模式的大整合。例如，互聯網金融下的眾籌、微眾銀行、網商銀行、P2P、阿里小貸、餘額寶引領的各類支付寶那樣的互聯網金融平臺或應用，還有金融功能整合下的金融控股集團、以跨界經營為特徵的金融機構，例如具有全金融牌照的中信集團，在以產促融為內在動力搭建金融平臺的國網英大集團等。

第三，信託面臨製度紅利消失期和監管政策下行期。一般認為，信託行業的高速發展，特別是早期的原始資本累積得益於製度框架下內外兩個基本製度的保障：外部為分業監管為特徵的國家金融監管組織體制，內部為《信託法》以強制性製度變遷的方式明確了信託業務的法律關係。前者奠定了早期信託行業製度紅利來源的基礎，後者決定了信託行業主業經營的製度優勢。分業監管適應了中國金融初級階段的監管需要，為信託行業的跨業經營提供了發展空間。

伴隨泛信託時代的到來，信託製度被金融同業廣泛運用，紅利消失殆盡。同時，政策監管為行業穩定考慮，出抬一系列文件，例如《關於信託公司風險監管的指導意見》（又稱為「99號文」）首次要求信託公司股東承諾「流動性支持」和「資本補充機制」：當信託公司出現流動性風險時，給予必要的流動性支持。這些都在一定程度上對信託行業的發展造成了影響。

第四，信託面臨傳統業務的轉型提升期。實體經濟一直是中鐵信託的傳統強項，包括地產、地方政府平臺、產融結合等實體經濟領域，對於目前信託行業的轉型升級，中鐵信託需要認真思量如何更好利用已有業務優勢，通過主動管理提升該領域的資產管理能力。

一方面實體經濟這個市場很大，我們已經在這些領域形成了自身的競爭力。信託行業最大的魅力在於千人千面，68家信託公司在業務領域上有交叉，卻無雷同，放棄自身的優勢去盲目複製，就是邯鄲學步。在以上的業務領域中，我們需要深耕細作，以客戶資金需求為切入點，靈活運用信託製度，創造性地設計交易結構，連接實體市場與資本市場，提供一攬子金融計劃，為企業在資產管理、財富管理領域改善經營環境和財務狀況，提升競爭活力。另一方面對自身的強項加強主動管理。在融資端做好升級工作，結合融資客戶細分，明確客戶的需求定位、區域定位、產品定位等；優化當前業務模型，規範事務管理類信託的權利業務，明確責任主體；在資產管理過程中，主動管理效益，產融結合，強化內部資源整合；在風險控製端，結合流動性風險管理，將資產處置與項目過程管理結合起來，把「壞的兜底」變成「好的兜底」，形成一套權責利風險控製與分擔的良好機制。

第五，信託面臨新業務、新領域的開拓期。信託製度橫跨三大市場，伴隨金融改革的不斷深入，信託行業的不斷成長，幾大新興業務領域已經初步顯現。結合公司已有前期研究和嘗試，可以分為以下兩部分：

一部分是資本市場運作。證券業務是金融領域最大的一塊，無論參與併購也好，還是資產證券化，信託都有足夠大的空間。以信貸資產為例，政府已經沉澱了龐大的資產池，銀行近100萬億信貸中為我們提供了廣闊的證券化市場；大力推進股權投資信託、證券市場定向增發及企業併購業務，債權型信託直接融資業務的開展，從中長期發展的角度探索新的發展方式，增強與投融資企業的戰略合作。

另一部分是公司自身的新興業務。逐步探索投資銀行、資產管理、財富管理三大領域推動公司的業務創新，諸如消費權益產品、產業基

金、養老產業、財富傳承等，滿足客戶的多元化、個性化需求。這些工作都需要準確論證、聚焦投入、發力開拓。應為創新業務提供完善的考核機制、建設風險容忍機制和激勵機制，積極加大創新研發投入，提高創新轉換能力。

第六，信託面臨核心競爭力的鞏固建設期。目前公司已經形成了以股東背景、直銷能力、博後站創新能力為支點的核心競爭體，對公司業務開展、資金來源把控和行業前沿創新形成了有力的支持。

充分利用中國中鐵的資源優勢，依託信託製度的特殊功能，建立廣泛的協同合作，分享中國中鐵在銀行、保險、證券等各類金融機構的戰略同盟關係，拓展合作夥伴的廣度，加強合作領域的深度。作為中國中鐵金融板塊的支柱，中鐵信託加強與包括中鐵財務有限責任公司等內部金融體的業務往來，推動公司的差異化發展。

近30年來，中鐵信託不斷開拓、維護西南市場的高端客戶人群，塑造了良好的市場口碑，形成了穩定的直銷客戶群，在精細化管理背景下，整合內部資源，構建新型營銷構架，進一步加強客戶的分類基礎工作，細化服務內容層次，中鐵信託已經形成了動態管理的服務理念，有效強化了客戶的黏性。

博士後創新基地是中鐵信託研發實力的重要體現，是高端創新人才培養的重要來源，通過研究領域的拓展、創新業務的實施、科研成果的累積已經在業內具有較好的影響力，是公司重大專項研究的重要實施者。

第七，信託面臨全國戰略佈局的深耕期和金融平臺的搭建期。中鐵信託立足西部，依託天府之國，深耕西南市場的同時，已經逐步完成全國市場的條線佈局，面臨不斷深化的全國金融市場改革，目前面臨的工作重點為：

一是重點區域重點分工。一線城市做大做強，二線重點城市完成線

上、線下同步，金融改革前沿的佈局，業務部門特色業務的區域佈局，如證券部門佈局上海，設立第二總部。二是子公司的設立，結合目前監管政策和公司發展實際，在積極發展好寶盈基金、中勝達已有子公司業務，形成對現有業務的有利補充的同時，發展融資租賃等新型子公司的建設。

第八，信託面臨全面深化改革的推進期。以上各個部分不是獨立存在的，而是依託於一個開放的、演進的、不斷深化的系統改革體系中，要不斷提升我們自身的機制建設，推進製度的變革、重構與定型，結合股份公司 16 項改革、落實信託 24 項重點改革任務，不斷推進全面深化改革。

第九，信託面臨資源約束期與資源的大投入期。改革是需要以戰略資源儲備和建設為基礎的，中鐵信託的資源約束形成於以下三個層面：一是競爭加劇，中鐵信託面臨的競爭壓力來源於整個資管市場的競爭，原有資源配置已經無法滿足目前的競爭態勢；二是自身高速增長對於資源的需求，「十二五」期間中鐵信託超額完成原先預定指標，原有基礎配套的發展增速落後於整體需求速度；三是創新格局對資源投入提出要求，創新的前期沉澱和運行初期投入均大於產出，較原有成熟業務模式對新資源投入要求較高。

中鐵信託面臨的資源約束不僅局限於高層次的專業人才，而且來自於基礎實施設施的支持，建立用人機制市場化，激勵約束有效化的管理目標，創新人力資源管理理念，建立體現企業特點的人事管理製度，以全面預算管理為主線，以貢獻值為核心的薪酬激勵機制，在新的「十三五」期間，資源投入成為公司戰略實施的重要支撐。

三、戰略佈局，中鐵信託做實頂層設計

戰略是審視大環境、大格局、大趨勢，是高瞻遠矚，準確制定全局

長遠措施的思維。中鐵信託在新的格局下，在戰略的新起點上，從以下五點逐步實施：

第一，戰略制定要統領於國家戰略，著眼於順應國家的戰略。順勢而為是戰略制定的重要原則，目前中國改革已經進入深水區，信託行業服務實體經濟，提高資源的配置能力。一帶一路、亞投行、絲路基金等將影響我們的外部經濟環境，長江經濟帶、京津冀一體化、自貿區建設、深圳前海等已經直接影響信託行業的發展模式，任何經濟體都不可能置身事外。

第二，戰略制定要統領於宏觀經濟，著眼點在於適應經濟新形態。經濟速增調整、產業結構優化、以增長動力轉化為特徵的新常態環境的出現，預示著信託行業經營局面逐步分化，新的競爭格局正在形成，信託公司的發展戰略要匹配新形勢下的發展速度、發展結構和發展動力，以粗放型為特徵的行業增長驅動力正在逐步消失，以創新為特徵的新型增長動力尚在孕育。

中鐵信託的戰略制定要嚴格考察以「去槓桿」為特徵的金融監管政策的變化趨勢，信託行業資產管理方式正在轉變：資產配置的視角、金融服務的範圍正在從間接融資市場擴展至整個金融市場，從目前中間媒介向直接投融資角色轉變。在這種變化下，中鐵信託應抓緊從單一產品提供商向綜合金融方案提供商身分的轉變。

第三，戰略制定要統領於股份公司戰略，著眼點在於發揮協同效應和服務功能。中鐵信託業務領域的一個重要特點就是服務股東，發揮從融到產的協同效應，直接影響到中鐵信託業務重點、子公司戰略制定等具體內容。

制定協同發展戰略的設計過程中要重點考量是否有穩定的資金支持，流動性管理和經營協同，資本運作能力與利潤是否匹配，嚴格風險

的跨界管理，支持核心優勢產業領域，形成良性互動機制，發揮品牌及營銷的正效應。在驅動上堅持以市場為主導的產融結合模式，加強主業與金融業務有效融合及互動。

第四，戰略制定要統領於央企改革，著眼點在於全面深化改革，優化提升體制、機制的建設。目前 68 家信託公司中，有一半的機構具有國有股東背景，中鐵信託是其中的典型代表。中鐵信託是國有股東控股、市場化運作。中鐵信託本身就是中國中鐵金融平臺的重要組成，應服從於央企改革戰略需求，發揮自身金融子機構的作用。

中鐵信託深化改革的要點和重點在於探索產權結構混合化，在保持中國中鐵控股地位不變的前提下，優先引進銀行、保險公司、證券公司等金融機構或引入與中國中鐵具有互補性的國內大型企業集團作為戰略投資者，使得公司股權更趨合理，股東背景多元化。

深化改革的另一個重要任務是積極開展股權投資，推進與商業銀行、證券公司、金融租賃、互聯網企業在股權層面的戰略合作，構建金融價值鏈，推動在金融資本紐帶融合下的協同發展，提高權益類投資收益。積極探索員工持股，形成資本所有者和勞動者利益共同體。

第五，戰略制定要統領於金融競爭格局，著眼點在於提高信託的核心競爭力。泛信託時代的到來，信託公司的競爭已經不僅僅局限於業務領域的全金融格局的競爭，同樣來自其他各個領域的方方面面。對行業內，中鐵信託應關注其他信託公司的戰略，全面對標分析，清晰自身的定位。

在全局競爭過程中還要強化中鐵信託在風險流程管理方面的精細化管理，要進一步夯實公司風險控製能力，堅持以風險控製和成本優化為核心，建立健全的以標準化為基石、以專業化為支撐、以差異化為特色的管理體系。不斷完善公司項目管理相關製度體系的建設，實現控製手

段由「軟要求」向「硬約束」的轉變。探索建立以業務指引、定價體系、集中度管理為核心的業務拓展規範以及以客戶授信評級為重點的業務准入機制，加大風險研究領域的科研投入力度，探索建立風險救助機制，提高駕馭風險的能力。

四、突出主線，中鐵信託凝神聚力佈局「十三五」規劃

明確的戰略目標可以凝聚人心、提振士氣，「十三五」期間，「行業一流現代金融綜合服務企業」戰略目標的實現需要從以下八個重大問題上有所突破。

第一，公司戰略制定，要注重發揮橫向與縱向的協同作用與服務作用。中鐵信託已經形成了基本的戰略協同框架，新階段工作的重點集中在深入挖掘產融結合合作模式，利用股東優勢推動公司自主管理項目的普遍化，加強中國中鐵二級子公司兄弟單位之間的合作，協同中國中鐵推動金融平臺的構建。

第二，公司戰略制定，要注重與監管政策、監管導向的配合。當下正處在新常態經濟下金融體系的新生動力與原有動力轉換的磨合期，與之相對應的是監管政策的調整期，加之信託體系以及中國資產管理頂層設計機制的不斷完善等多重因素，勢必要求在戰略的制定過程中要從多角度、多層面對監管政策和未來導向多思考、多研究，為公司未來發展未雨綢繆。

第三，公司戰略制定，要注重競爭對手戰略的對標分析。資產管理已經跨越機構，成為共有的金融功能。中鐵信託對應的競爭對手必然延伸到整個金融領域，在競爭中要取長補短、以人為鏡。面對的對標分析包括現代企業管理體系的完善，可持續發展模式的構築，激勵約束機制的有效，以及發展方式、發展質量的根本轉變，這些現代企業體制的打

造直接決定了中鐵信託未來的競爭能力。

第四，公司戰略制定，要注重與年度、中期經營規劃的對接。戰略對經營規劃局具有指導性，是對現有企業經濟思想的改造提升，是制勝與防敗的統一體，戰略規劃的制定最終要落實到公司的具體工作中，要完成從製度的頂層設計到具體實施的銜接，因時制宜、因地制宜，使經營規劃有的放矢，不離初衷。

第五，公司戰略制定，要注重引領子公司、部門的戰略制定，發揮統領作用。子公司是中鐵信託戰略構建中的重要組成，是中國中鐵金融平臺的有益延伸，是一個整體不可分割的部分，公司戰略的制定應該在金融功能上對子公司具有指引功效、協同功效，形成開放的系統工程。戰略落實到經營規劃，最終的執行者是各個職能部門，戰略的制定要考察各個部門的實際情況，為最後的落地工作做好鋪墊。

第六，公司戰略制定，要注重提升戰略執行的有效性。有效性表現在以市場為導向，要堅持市場化改革的方向，勇於進取、攻堅克難，抓住機遇，克服觀望心態和畏難情緒；要整體推進、循序漸進，頂層設計與步驟實施相互匹配，推動戰略實施與公司實際結合，轉變發展方式，提高發展質量。

第七，公司戰略制定，要注重支撐體系建設。戰略並非空中樓閣，基礎設施建設要對戰略形成良好的支撐，包括IT、人力、薪酬製度、良好的風控等，支撐體系與戰略實施之間的匹配度是重要的考量指標，要循序漸進、不斷修正。

第八，公司戰略制定，要注重發揮黨委與經營層的支持作用。公司戰略的制定是與黨委的支持作用密不可分的。通過強化形勢任務教育，著力營造有利於科學發展、和諧發展的良好環境，把全體黨員和廣大員工的行動統一到推動改革發展、實現戰略目標上來。加強黨風倡廉建

設，實現幹部清正、企業清廉。

經營層是公司戰略的實施者和執行者，戰略實現企業競爭空間的擴展，經營層實現企業內外部資源的整合，完成資源與環境機會的匹配，實現自身收益最大化。制定正確的戰略是重要的，及時有效地執行的戰略更為重要，包括經營層在企業內部形成強有力的執行文化，細化戰略目標，匹配對應資源，構建以戰略為導向層層落實的績效管理體系，並配備戰略執行的管控製度，保證戰略制定與經營層執行之間的一致性。

孫子曰：兵者，國之大事，死生之地，存亡之道，不可不察也。中鐵信託在泛資產管理時代能否逐鹿中原，必須要仔細謀佈局，認真定思路，做好「十三五」的開篇之作，為未來發展打下良好的基礎。

新經濟與信託業轉型需迫切進行的三個轉變

朱曉林[①]

　　在國家經濟轉型和金融體制改革疊加轉變的關鍵時期，信託行業經營拐點已經到來。因為信託行業未來發展的不確定性增加，所以迫切需要進行三個轉變，並從戰略、人才、創新、業務四個方面進行統籌佈局。

　　當前，中國的理財市場仍然處於成長週期中，理財需求規模的拐點還遠沒有到來。而信託行業的發展最終取決於理財市場的需求規模，這預示著信託行業的長期增長週期還沒有結束，因此在未來相當長的時間內，仍然可以期待信託業規模的快速增長，其成長拐點尚未到來。雖然中國的理財市場仍然在蓬勃發展，但在激烈的市場競爭中，信託行業的先發優勢正在消減，相對增速遠低於其他同業競爭機構。

　　隨著泛資管時代的到來，資產管理市場的競爭日益激烈，信託傳統業務受到來自於商業銀行、券商資管、基金子公司和互聯網金融的擠壓，收益率進一步收窄，風險逐步增加。信託行業已經出現行業經營的拐點，深刻感受到業務績效提升和新常態下的諸多壓力，信託產品「高收益、低風險」特性難以為繼，信託業「衝規模、輕管理」的發展路

---

① 朱曉林，中鐵信託研究發展部研發經理。此文發表於《當代金融家》2016年第1期，內容略有修改。

徑難以為繼，信託行業的轉型已從思考階段到實施階段。

一、轉型：適應外部經營環境的變化

2015年三季度中國GDP同比增幅為6.9%，創下自2009年以來的最低增速，面對巨大的經濟下行壓力，信託行業經營的外部環境已經發生了深刻的變化。2015年12月召開的中央經濟工作會議認為，認識新常態、適應新常態、引領新常態，是當前和今後一個時期內中國經濟發展的大邏輯。一方面中國經濟發展基本面是好的，潛力大、韌性強，回旋餘地大；另一方面中國經濟發展也面臨著很多困難和挑戰，特別是結構性產能過剩比較嚴重。「十三五」期間中國經濟增速將由「十二五」期間的高速增長全面轉變為具有質量的中高速增長，經濟增速將在6.5%左右波動，由此帶來了整個國民經濟結構的變革和重塑。

國家經濟增長方式的轉變和經濟結構的轉型改變了企業經營的外部環境，需要企業根據國家戰略進行調整，並培育適應新型經濟增長的能力和資源。

在金融體制改革方面，金融市場改革是中國經濟轉型的重要抓手，國家「十三五」戰略對於金融市場改革的方向給予了明確的說明，要不斷加大金融支持實體經濟的力度，從而為經濟結構調整和經濟平穩健康發展創造良好的貨幣金融環境。隨著多層次資本市場的逐步完善以及利率市場化的全面推進，一方面加大了信託公司進行風險管理的難度，另一方面使信託公司的息差收益不斷收窄。在風險端和收益端同時面臨壓力，信託公司迫切需要變革原有的融資業務模式，不斷完善定價機制、提升風險管控能力、提高投資能力和自主管理能力，加快經營模式的轉變。

經歷過高速增長後的信託行業正面臨著宏觀經濟轉型、金融體制改

革的關鍵時期，信託行業未來發展所面臨的挑戰進一步增大。同時，經濟轉型、金融體制改革的客觀環境也提供了信託公司未來巨大發展的強大動力。無論是從適應國家經濟發展、金融改革和資管市場競爭態勢的角度考慮，還是從信託市場拓展及風險管理的角度考慮，信託公司都應當加快轉型發展的步伐，不斷適應市場需要和提升自身的競爭發展能力。

二、信託行業轉型的三個轉變

儘管信託行業的轉型已經達成共識，但如何轉型卻沒有統一的答案。本文認為轉型需要從觀念上革新認識，進行三個轉變。

一是由業務拓展的「機會主義」向發揮信託製度優勢轉變。信託公司經營的外部環境因素已經發生了重大的變化，過去的「機會主義」戰略不再能給公司帶來具有可持續發展的業務機會。信託公司必須要在戰略層面上實現由過去製度政策紅利下的業務機會導向向發揮信託製度優勢及其公司自身優勢導向的轉變，並結合中國的經濟發展、國企改革、泛資管市場競爭等外部環境，佈局新的業務領域，在貨幣、資本和實業市場上進一步拓展新的業務空間，重新構建可持續的業務模式，探索出符合公司自身特點的發展道路。

二是由高毛利行業向中低毛利行業轉變。信託的兩大傳統業務領域——房地產和基礎設施建設，兩者均具有高收入和高投資回報率的特點。因此，有一種信託轉型的觀點認為，信託轉型一定要尋找除房地產和基礎設施建設以外的高毛利、風險可控、處於成長期或者接近成熟期的行業。其實，在當前國家鼓勵降低社會融資成本、破除壟斷、增加市場競爭的大環境下，高毛利行業自身也面臨著轉型。因此，信託是否可以放松行業選擇，進入關乎國計民生的中低毛利行業或者是某個細分的

行業，深挖行業需求，從單純的資金提供者轉變為綜合金融服務的提供者，深耕細作，與行業共同發展壯大，通過支持實體經濟、加強民生保障，彰顯信託公司的社會責任。

三是由以項目為中心向以客戶為中心轉變。一直以來，信託行業的發展都是以項目為導向，基於某個單體項目的融資需求設計信託產品並向投資者募集資金，同時這也是目前信託項目風險頻發的主要原因之一。單體項目的抗風險能力較差，信託公司所能採取的風險控製手段有限，且業務不具備可持續性，不利於公司的長期發展。因此，目前信託公司的項目導向必須發生改變，一是要轉變為以客戶為中心，通過差異化的投資策略和跨市場的投資組合，不斷提升資產配置能力以滿足客戶的多樣化需求；二是要提供產業鏈金融服務，通過產業鏈的整合防範風險，獲取收益。

三、信託行業轉型的四個導向

宏觀經濟轉型、金融體制改革等外部環境因素的變化既是信託公司轉型的原因，其中也蘊含著信託行業轉型的方向和路徑。信託行業的轉型需要從戰略、人才、創新、業務四個方面進行統籌佈局。

（一）戰略導向

影響信託公司經營的外部環境因素從過往的確定性環境轉變為方向確定下的、存在巨大發展空間的不確定性環境，深刻改變了企業發展的外在基礎。因此信託公司必須要改變「機會導向」的發展模式，採用「戰略導向」忍受改革陣痛，實施公司的可持續發展。而在複雜、多變的經濟形勢下尋求信託行業的可持續發展，需要信託公司改變製度路徑依賴下的傳統發展模式，構建新的核心競爭力，實施全面的戰略轉型，並最終與新的經濟增長模式相契合。

(二) 人才導向

　　人才是信託公司成功轉型的基礎，現有的人才開發需要適應新形勢發展的需要，構建加速信託業轉型的人才開發建設迫在眉睫。人才結構建設既需要對現有人才進行補充和完善，也需要對現有人才進行轉型升級，更為重要的是大力引進稀缺人才和培養跨界人才。未來，單項技能人才無法滿足信託創新業務的發展，需要加強對跨界人才的培養，通過多元化、多領域專業人才的引進、融合、培訓、提升，達到培養跨界人才的目標。資產證券化、產業基金、信託債、家族信託、互聯網信託是未來信託業的重要創新品種，要開展這些高級、複雜的金融業務，需要信託公司引進更多的高端人才，建立更加科學有效的激勵機制。

(三) 創新導向

　　創新是國家「十三五」戰略規劃建議中引領發展的第一動力，也是信託公司實施戰略轉型的重要抓手。為此，信託公司需要構建創新孵化機制，實施「產、學、研、用」一體化，加強戰略轉型的研發創新能力，同時在產融結合戰略、產業鏈金融戰略、經營及業務機制等方面進行創新研發，為信託公司實現戰略轉型提供創新動力和能力。

　　第一，信託公司可利用互聯網金融完善創新生態圈。信託公司傳統的業務及管理模式桎梏了創新開展，互聯網金融則給信託公司的創新業務發展構建了良好的生態圈，為信託業務創新指明了方向；借助於互聯網，信託公司可以進行商業模式的重塑，從融資人主導向委託人主導轉變，根據委託人的內在需求，尋找合適的對接業務及項目，並進行產品設計。借助互聯網金融，可充分利用大數據進行客戶挖掘並切實提高產品設計能力，滿足委託人多樣化、個性化的需求，從而助推信託公司的成功轉型。

　　第二，信託公司可通過專業子公司構建創新轉型的戰略平臺。在目

前的泛資管市場競爭下，信託公司普遍缺乏專業化經營管理的能力和核心競爭力，在項目開發、風險控製、營銷支持等方面都遇到了一系列的問題，需要有效延展信託價值鏈。通過設立專業子公司，可以實現創新業務拓展、風險隔離、客戶服務水平提升等，並且通過對於某一特定領域金融業務的長期專業化精耕細作，提升專業運作能力。

（四）業務導向

在信託公司的戰略轉型導向下，信託公司的業務開展需要加強對國家政策及宏觀經濟的適應，並充分發揮信託製度的優勢和信託公司自身的優勢，尋找到符合自身特點的業務發展之路。

方向一是國家戰略實施所帶來的業務機會。一是基礎設施建設及新型城鎮化建設需要大量的資金投入，而且其投資建設營運模式將由過去政府獨家營運管理轉變為由政府主導社會資本參與的多元化投資方式，為信託公司發揮作用提供了更廣闊的空間；二是央企作為國家「一帶一路」等戰略的重要實施者，其內部具有巨大的產融結合需求，迫切需要大規模的資金及多元化的金融工具支持，這給信託公司帶來了巨大的業務空間，信託公司可以對央企產業鏈條上的各個可能的金融節點進行合理規劃與整合，並為之配置合理的金融工具和金融服務，構建科學高效的金融服務支持體系；三是隨著央企自身改革和混合所有制的推進，信託公司應當積極把握國企改革中大量的資產併購和資產證券化機遇，大力推動投行類資產重組業務的開展以及資產證券化業務的拓展。

方向二是資本市場業務。隨著中國多層次資本市場的不斷完善和健全，直接融資比重將持續增加，資本市場業務機會將顯著增長。資本市場的業務機會包括了股票及債券的一/二級市場投資、上市公司定向增發、上市公司併購重組、新興產業併購基金、新三板相關綜合金融服務等，將給信託公司帶來巨大的業務發展空間。

方向三是產業鏈金融服務。信託公司是實體經濟的堅定支持者，被稱為中國的「實業投行」。在信託行業轉型的大背景下，信託公司應當主動發揮自身跨平臺資產配置和主動管理能力的作用，深度挖掘產業鏈對金融服務的需求，構建全產業鏈的金融服務支持體系。即以產業鏈的核心企業為依託，針對產業鏈的各個環節，設計個性化、標準化的金融服務產品，為整個產業鏈上的所有企業提供綜合解決方案的一種服務模式。

通過整合產業鏈上下游企業的金融需求並提供全方位的金融服務，增強對全產業鏈的金融支持力度，可以有力促進產業的轉型升級，彰顯信託行業的社會責任，並通過系統性的金融服務體系來有效控製和抵禦經濟下行所帶來的風險。

方向四是金融同業業務。分業經營和鼓勵創新的金融環境為金融同業合作提供了良機，金融同業業務具有體量巨大、盈利潛力明顯的優勢，是信託公司應當重點關注的領域。銀行、保險在資金端有較低的成本優勢，券商、基金在標準化資產配置方面有專業的服務優勢，信託在非標準化債權融資方面有長期的經驗，加上信託製度本身的功能優勢，都將為金融同業合作提供良好契機。

隨著中國金融業改革的持續推進以及資管行業的競爭加劇，信託公司應當從與金融同業簡單的業務合作，逐步發展為各方取長補短、優勢互補、聯動合作、多方共贏的良好局面，打造信託公司多元化、一體化的金融服務體系，為客戶搭建一站式個人金融服務平臺，提升高淨值客戶的黏度，為信託公司的轉型升級打下堅實的基礎。

慈善信託揚帆起航

陳 赤[①]

一、慈善信託的悠久歷史

作為一項優良的財產轉移和財產管理製度，信託肇始於中世紀的英國。在信託產生之初，即與慈善公益結下了不解之緣。大量信徒通過用益制（信託的前身）將自己的分封土地等財產捐贈給教會，這一宗教行為本身就屬於英國對慈善目的的劃定範圍；而教堂和修道院運用信徒捐贈的財產，向窮人分發食品、衣物以及住院期間的一些特殊救濟物品，則更屬於標準的慈善活動了。

為引導和鼓勵社會公益事業的發展，英國早在 1601 年就頒布了《慈善用益法》，一方面，明確了受益人不確定、絕對的公益性以及適用「力求近似原則」等慈善信託的基本特徵；同時，給予了慈善信託和慈善信託的委託人（即捐贈人）很多稅收優惠政策。另一方面，為了防止和杜絕慈善信託財產被誤用、濫用和管理不當的情況發生，英國於 1853 年成立了慈善委員會，建立起對慈善信託的全方位監管體系。

由於鼓勵措施有力，監管手段有效，慈善信託在英國十分發達，始

---

① 陳赤，經濟學博士、中鐵信託有限責任公司副總經理、董秘、西南財經大學兼職教授。該文發表於《中國金融》2016 年第 19 期，內容略有修改。

終是慈善事業中占主導地位的法律製度，湧現出一大批卓具影響力的慈善信託組織，創辦於 1895 年的國民信託就是其中的著名代表。英國國民信託是一個民間法人機構，通過籌集信託資金用來購買土地、歷史建築物、繪畫作品等財產以保護該財產，並以此為全體國民提供良好的生存環境。它的主要收入來自會員的會費、捐贈以及門票收入、投資收益等。據該機構 2007—2008 年度報告顯示，當時已有會員 356 萬名，這些會員不僅有來自國內，還有來自世界其他國家的，任何人通過繳納會費均可成為其會員。國民信託擁有超過 213.36 米的海岸線，25 萬公頃自然景色優美的土地，超過 300 處歷史遺跡、公園、古老的紀念碑和自然保護地等。國民信託宣稱，80%的國民居住地周圍 6.096 米處，一定有信託公共財產；任何地方開車 40 分鐘，一定可到達一處信託公共財產。國民信託的觀光景點可供遊人參觀，會員免費，非會員則購門票進入。前述報告表明，參觀者達 1,500 萬人，並有 5.2 萬名志願者為其提供免費服務。

隨著信託從英國走向世界，美國、加拿大、日本等許多國家引進和繼受了慈善信託製度，有的還發展出了新的慈善信託類型，其中以美國的慈善餘額信託和優先權慈善信託最為典型。

二、中國公益信託的艱難探索

中國素有熱心公益慈善的優秀文化傳統。儒家學派的代表人物孔子提倡「己欲立而立人，己欲達而達人」，孟子也主張「窮則獨善其身，達則兼善天下」「老吾老以及人之老，幼吾幼以及人之幼」。歷朝歷代，在遇有災荒發生的年景，不乏民間的仁翁善士自願發起設立義倉、粥廠，以賑濟一時之間湧現的大量饑民，對維持社會穩定發揮了積極的作用。

中國在制定《中華人民共和國信託法》時，引進了慈善信託，名之曰「公益信託」。在 2001 年頒布實施的《中華人民共和國信託法》（以下簡稱《信託法》）中，闢有「公益信託」專章規範相關法律關係，以鼓勵社會各界以信託方式參與救濟貧困，救助災民，扶助殘疾人，發展教育、科技、文化、藝術、體育事業，發展醫療衛生事業，發展環境保護事業，維護生態環境以及發展其他社會公益事業。

由於涉及社會公共利益，加之缺乏特定的受益人主張自己的權益，為了嚴格監管公益信託，中國《信託法》規定公益信託的設立和確定其受託人，應當經有關公益事業的管理機構批准，未經批准，不得以公益信託的名義進行活動。從國際經驗來看，在英國，慈善信託的設立，需要由受託人向慈善委員會辦理登記手續；慈善信託一經登記，即具有「公益性」，可享受法律上的優惠。大陸法系國家如日本、韓國等，亦規定設立慈善（公益）信託須經有關機關的批准，例如《日本信託法》規定，就慈善（公益）信託的承受，其受託者須經主管官署批准。因此，中國《信託法》所做出的此項規定也符合信託的國際慣例。

但是，由於《信託法》並未明確規定批准公益信託的公益事業管理機構具體是哪一個機構或哪些機構，因此，當信託公司向民政部門等申報公益信託時，卻往往因為其行政許可事項缺乏配套規定而很難得到受理；同時，公益信託的稅收優惠未能明確，一定程度上也抑制了公益信託委託人的積極性，導致《信託法》關於「國家鼓勵發展公益信託」「公益事業管理機構對於公益信託活動應當給予支持」的要求無從落實，信託公司、信託業協會為推動公益信託所做的許多努力因此受阻，艱難成行。

由於這些原因，自 2001 年《信託法》實施以來，在很長一段時期並沒有標準意義上的公益信託發行。直到 2008 年舉世震驚的四川汶川

大地震發生後，中國銀監會辦公廳發出了《關於鼓勵信託公司開展公益信託業務支持災後重建工作的通知》，經陝西省民政廳批准，長安信託率先設立了「5/12抗震救災公益信託計劃」，這是目前有可信記載的第一支標準化公益信託。但此後，公益信託仍然寥若晨星。據統計，截至2015年年末，在《信託法》誕生後的十餘年裡，僅有長安信託、百瑞信託、重慶信託、紫金信託、萬向信託、中原信託、國元信託、湖南信託、國民信託、廈門信託等11家信託公司發行了15支標準公益信託，初始信託財產共計12,532萬元，平均規模為835萬元；如果扣除重慶信託設立的規模為10,070萬元的「金色盾牌·重慶人民警察英烈救助基金公益信託」，其他14支公益信託平均初始規模則僅有176萬元，並且關注的領域多集中於教育事業和醫療事業等，涉及領域較狹窄。

不過，即使在相對逼仄的運作空間裡，仍有信託公司為此做出了不懈努力。例如，紫金信託近年來連續發行了「紫金·厚德」系列公益信託，募集資金用於捐助、救助困難家庭中罹患大病的兒童，累計籌集善款370萬元，捐助大病兒童244人次，取得了良好的社會影響。

為了更好地在特定公益領域發揮作用，信託公司還嘗試與知名公益組織合作，開發出新的信託管理和營運模式。如萬向信託於2014年設立「萬向信託-中國自然保護公益信託」，這一款永久存續的信託，將募集的資金用於無償捐助受託人根據信託文件的規定篩選確定的、執行中國境內自然環境和生態保護公益項目的個人、組織或法人機構。該公益信託聘請全球最大的國際自然保護組織——大自然保護協會（The Nature Conservancy，簡稱TNC）擔任諮詢顧問，提供公益項目篩選、項目規劃和設計、項目執行技術指導、項目執行進展跟蹤、項目執行質量監測、項目產出評估等服務。「萬向信託-中國自然保護公益信託」擬捐助的項目經TNC初審後，提交專門成立的由長期從事或熱衷公益事

業的專業人士或知名人士組成的諮詢委員會審核，待審核通過後，形成《公益項目建議書》，萬向信託根據該建議書做出捐助決策，並指定公益項目執行主體，同時設立項目預算小組負責捐助資金的運用。項目預算小組根據《公益項目建議書》中規定的預算安排、實施計劃以及公益項目的實際運作進度等提交《公益項目用款申請》，由諮詢委員會進行復核。萬向信託結合上述流程及諮詢委員會復核意見做出用款決策，並對信託資金保管人下達撥款指令。管理該公益信託，受託人萬向信託每年的信託報酬率為千分之六。

三、慈善信託將在中國揚帆啓航

慈善公益事業是促進共享發展的重要方式之一。近年來，中國的慈善公益事業呈現加快發展的勢頭。據《慈善藍皮書：中國慈善發展報告（2014）》統計，2013年全社會捐贈總量突破1,100億元，全年各類捐贈總價值突破1,363億元。2016年6月，胡潤研究院發布《大城小愛慈尚會2016胡潤慈善榜》，百位中國大陸慈善家上榜。從2016年榜單來看，捐贈額呈大幅上升趨勢，慈善榜總捐贈額較去年上升了50%，達300億元；同時，大額化捐贈趨勢明顯，在百位上榜慈善家中，有27位捐贈額過億，較2015年增加9位，達到歷史峰值。本次榜單中，新一代慈善家大量湧現，榜單約七成為新上榜慈善家。秉承「百年樹人」的理想，教育成為慈善榜最大投入領域，其後依次為社會公益、慈善扶貧和賑災捐款。

面對全社會旺盛的慈善需求，醞釀已久的《中華人民共和國慈善法》（以下簡稱《慈善法》）應運面世，於2016年9月1日起施行。慈善信託屬於公益信託，《慈善法》關於慈善信託的相關規範，對於公益信託來說，是一次極大的發展機遇。《慈善法》規定，慈善信託的受託

人，可以由慈善組織或者信託公司擔任，受託人應當在慈善信託文件簽訂後，將相關文件向民政部門備案，這就將公益信託設立的審批制調整為慈善信託的備案制，並且明確了備案部門為縣級以上民政部門，從而為信託公司開展公益慈善信託業務掃清了製度性障礙；同時，將是否設置監察人列為委託人自願選擇的事項，便利了慈善信託的設立。這些務實和寬鬆的舉措，必將有力地促進慈善信託在中國開花結果，成為慈善事業的重要組成部分。

信託公司出於履行社會責任和提升品牌美譽度的雙重目的，對開發慈善信託產品的熱情很高。通過信託方式開展慈善活動，與基金會等其他慈善組織相比，具有設立方式嚴謹、外部監督嚴格、營運成本低廉、信息披露透明、資金安全可靠、資產保值增值等獨特優勢。

第一，信託公司擁有設立各類信託的豐富經驗，有能力製作嚴謹完備的信託合同，避免因慈善信託文件粗制濫造產生歧義，引發不必要的糾紛。

第二，作為正規金融機構的信託公司開辦慈善信託業務，將接受銀監部門和民政部門雙重監管，尤其是銀監部門，對信託公司的規章製度、內控體系和人員從業資格素有嚴格的要求，對信託公司開展的包括慈善信託在內的業務運行實施持續的非現場監管和定期與不定期的現場監管，有利於督促信託公司切實按照委託人的意願合理運用慈善信託財產，最大限度地防止信託財產被濫用或誤用。

第三，慈善信託屬於信託公司開辦的眾多信託業務之中的一個品種，一般來說信託公司無須再為此增聘專門人員、增設專門場地，有利於節約營運成本，提高慈善財產最終用於慈善目的的比例。

第四，信託公司具有定期向委託人披露信託運行情況的業務規範，將其視為理所當然的本分義務，有利於慈善信託的委託人監督慈善財產

運用於約定的慈善目的。

　　第五，信託財產受到《信託法》的有力保護，具有強大的獨立性，能夠實現破產隔離，有利於提高慈善財產的安全性。最後，信託公司擁有諳熟資產管理業務的專業人員，比普通的慈善組織更有能力對處於閒置期的慈善財產進行理財運用，有利於慈善財產的保值增值。此外，信託公司還可以根據不同委託人的慈善偏好，靈活設立不同種類的慈善信託，個性化地滿足人們的慈善意願。

　　不過，目前信託公司設立慈善信託雖然有募集和管理慈善資金的優勢，但也存在一些明顯的短板，主要是在對慈善項目篩選和評估、落地和運行，對受益人的甄別和確定等方面缺乏足夠的經驗。因此，信託公司設立慈善信託，同累積了豐富救助經驗的基金會等慈善組織之間，應該不僅是競爭與替代關係，而可以是互補與合作關係。以世界首富比爾·蓋茨夫婦創立的著名慈善基金——比爾與梅琳達·蓋茨基金為例，2006年10月，比爾與梅琳達·蓋茨基金會更名為比爾與梅琳達·蓋茨基金會信託（Bill & Melinda Gates Foundation Trust，以下簡稱基金會信託）。基金會信託的職責是管理基金會資產，負責受捐善款的運作，包括每年投資大師沃倫·巴菲特捐贈的股票的運作。基金會信託目前由邁克爾·拉爾森領銜的投資經理人團隊負責，比爾和梅琳達制定大方向，指導邁克爾用更加廣泛的投資渠道多樣化受捐資產的投資，投資涉及世界經濟的主要板塊；邁克爾和他的團隊則選擇具體的投資方式。邁克爾·拉爾森不是基金會的雇員，他和他的團隊完全跟基金會分離。基金會信託仍然屬於私人基金會，免除聯邦所得稅，每年的捐贈撥款行為就是為比爾與梅琳達·蓋茨基金會提供資金。與此同時，蓋茨夫婦成立了一個新的機構，就是現在的比爾與梅琳達·蓋茨基金會（Bill & Melinda Gates Foundation，以下簡稱基金會），負責施贈項目的管理和運

作。基金會有權向基金會信託索要任何屬於其財產範圍內的資產進行公益活動。基金會信託與基金會相互獨立，互不隸屬，但又明確分工，密切合作，共同達成慈善目的。

據民政部門統計數據，截至 2014 年底，中國共有 4,000 餘家基金會，總資產規模 1,500 億元，其中絕大部分資金存放於銀行，收益率較低。基金會與信託合作，有助於發揮各自優勢，大幅度提高慈善活動的效率和效益。

慈善信託與普通私益信託相比，存在明顯的不同。由於慈善信託的委託人追求的是公益目的而非投資回報，因此不應按照現有集合資金信託計劃管理辦法的相關規定進行管理，包括不適用禁止利用媒體進行宣傳的限制，不適用合格投資者的規定，不適用對自然人委託人的人數限制，不適用對機構委託人的委託金額起點的限制，不適用對信託合同面簽和雙錄的要求，而應該鼓勵信託公司和慈善組織進行廣泛宣傳，面向廣大人群，不限金額、不限次數、不限人數、不限時間、不限地點地募集慈善信託資金。這一點正好與互聯網金融所固有的分散、小額、多筆、遠程、隨時、隨地等特點相契合，因此，慈善信託有望成為互聯網信託的試驗田。

要充分發揮慈善信託的作用，還有賴於作為監管機構的民政部門和銀監部門相互協調，統一監管要求，盡量避免重複監管造成的效率減損；有賴於信託財產登記製度早日建立，以吸收不動產或股權等非現金資產成為信託財產標的，減少相關交易費用；有賴於按照慈善信託的特點，為委託人和受託人落實便利的稅收優惠政策。

慈善信託溯源和創新模式探討

王玉國[①]

慈善信託作為重要的慈善組織形式之一，在全球範圍內得到了廣泛的發展與運用。2016 年 3 月中國新頒布的《中華人民共和國慈善法》（以下簡稱《慈善法》）中，第五章專列了「慈善信託」，明確了慈善信託屬於公益信託，由民政部門進行備案管理，信託公司可以擔任慈善信託的受託人等重要事項。通過新法與 2001 年的《中華人民共和國信託法》有效銜接，將進一步激活信託機制在中國慈善公益事業中的運用。筆者通過溯源慈善信託的歷史演進脈絡，以期探討今後中國慈善信託業務創新發展的可能模式和空間。

一、慈善信託發展溯源

信託是從中世紀英國的用益製度演化而來。用益最初被設計用來擺脫中世紀僵化的封建土地繼承製度束縛，自產生之初就被借助用於慈善贈予。經過數百年的發展洗禮，慈善信託功能不斷擴張，不同時期針對性地解決了英國經濟社會發展中面臨的突出問題，並在立法、司法和監管的有力保障下，在英國社會公益事業中占據舉足輕重的地位。美國較早就承繼了英國信託製度，但慈善信託的有效性直到 20 世紀初才在各

---

① 王玉國，中鐵信託博士後創新實踐基地博士後。

州基本得到承認，在實踐中得到創新發展。20世紀以後，大陸法系國家和地區紛紛移植和吸收信託製度，在慈善公益事業中引入慈善信託安排。回顧歷史，慈善信託發展演進呈現以下清晰脈絡：

(一) 慈善信託的目的不斷變遷和擴張

中世紀初期，慈善活動更多服務於宗教目的，如維持醫院和救濟院，給窮人發放救濟，建設教堂等，融入了人們對靈魂救贖的渴望。中世紀後期爆發的「大饑荒」「黑死病」、戰爭和暴動等使得窮人數量劇增，社會問題十分突出，救濟窮困開始取代對教會的捐贈逐步成為慈善用益的最主要目的。1601年英國頒布《濟貧法》，第一次主張以大規模和組織化的手段救濟貧困者，鼓勵發展慈善用益，這也成為中世紀慈善和現代慈善的分水嶺。18世紀工業革命後，社會財富迅速增長，通過一次性捐贈新設立的慈善信託數量迅速增長。儘管救濟貧困仍然是慈善信託設立的一個主要目的，但更多的資金用於學校、醫院等公共機構，滿足更廣泛的社會需求。無論如何變遷，公益性始終是慈善信託的核心目的所在。

(二) 防止慈善財產濫用是慈善信託監管的核心

1601年英國《慈善用益法》第一次以立法形式創設了審查慈善財產濫用的程序，保護慈善用益財產的合理使用，以期培育積極從事慈善事業的社會風氣。1634年，衡平法院「塞班奇訴達斯頓案」確認了第二層用益的效力，將其成為信託，真正現代意義上的慈善信託才正式出現。由於法律對信託救濟不力或成本過高等問題，受託人違反忠誠義務對慈善財產濫用問題非常普遍。19世紀以後，在解決慈善信託財產被濫用的問題中，英國進一步推動完善了慈善信託的立法、司法以及登記監管等製度，並創立了「力求近似原則」等彈性機制，為其他國家和地區所效仿。

（三）法律製度安排是慈善信託發展的關鍵因素

雖然慈善信託作為慈善組織的形式之一是最早出現的，但隨著基金會、公司等其他慈善組織安排的出現，慈善信託的獨特優勢地位受到衝擊，特別是在一些較晚繼承和移植信託製度的國家和地區，慈善信託生根落地都經歷了較大挑戰。如日本一直到 1977 年之前，都未真正出現慈善信託，這主要受到國內慈善法人設立的相關規定限制，慈善組織基本採用法人形式。直到第二次世界大戰以後，為了滿足社會各界廣泛參與慈善事業的需求，日本才制定了慈善信託的許可標準，促進了慈善信託的發展。

此外，稅收優惠也是促進慈善信託蓬勃發展的關鍵製度安排。如英國政府通過不斷改進法律，給予其不同於私益信託的稅收優惠，推動和鼓勵慈善信託的發展，減輕財政在救濟貧困等公益方面的負擔。為了避免這些優惠被企圖避稅的人所利用，在慈善信託目的不斷擴張的背景下，英國在司法實踐和立法中對慈善信託的公益性要求逐步形成了一套完整的規則，規定了嚴格的登記和財務公開製度，並以慈善委員會的監管為中心建立了全方位的監管體系。美國在承繼英國慈善信託後，不斷革新慈善信託理念，受惠於《聯邦稅法》對於慈善信託的稅收減免政策支持，進一步創新發展出了慈善餘額信託[1]、慈善優先信託[2]等類型。

---

[1] 慈善餘額信託（Charitable Remainder Trust）又稱「公益餘額信託」，是指委託人設立一個信託把財產交付受託人（慈善組織）。受託人在委託人生前或信託文件約定的時間內，把信託財產所產生的部分收益支付給特定的受益人。在委託人死亡或者信託期限屆滿後，剩餘信託財產就捐贈給慈善組織。

[2] 慈善優先信託（Charitable Lead Trust）又稱「公益先行信託」，是指委託人先設立慈善信託，在一定期間把信託財產中的一定比例或者一定數額以公益目的支付給特定的受益人，在慈善信託存在期間終了之後由委託人或者委託人指定的個人受領剩餘的財產。這種類型的信託在美國因能受到稅收優惠待遇，所以經常被利用。

二、《慈善法》頒布前公益信託的實踐探索

《慈善法》頒布前，信託公司以公益信託形式，按照《信託法》、中國銀監會《關於鼓勵信託公司開展公益信託業務支持災後重建工作的通知》（銀監辦發〔2008〕93號）等相關法律和監管規定要求，積極參與慈善公益事業。但是，由於相關法律、製度並未對公益事業主管機構、公益信託稅收問題等予以明確，公益信託業務雖有不同模式創新，但始終未能夠規模化發展。

（一）標準的公益信託模式

標準的公益信託模式即嚴格按照《信託法》的要求，公益信託的設立經公益事業管理機構審批並接受其監管，設立信託監察人，定期信息披露，嚴格按照銀監會文件要求使用信託財產等。例如，西安信託（現長安信託）在2008年汶川大地震以後推出的「西安信託‧5.12抗震救災公益信託計劃」，由陝西省民政廳擔任公益事業管理機構進行審批，聘請會計師事務所擔任信託監察人，以及一家公益基金會擔任公益信託執行顧問，信託資金實際募集1,000萬元，主要用於受災地區、受損的中小學校重建，運作期間受託人報酬、信託監察費用等各項信託費用僅為7‰，取得了良好的經濟和社會效益。

鑒於民政部門在扶貧、救災等公益事業中發揮的重要作用，各地民政部門成為公益事業管理機構的首選。不過，由於《信託法》中對於公益事業主管機構的模糊表述，各省市情況差異較大，公益信託的公益事業管理機構也不盡相同，如湖南信託2014年9月推出的「湘信‧善達農村醫療援助公益信託計劃」，則由湖南省衛生和計劃生育委員會擔任公益事業管理機構等。審批機構和職能不明確直接制約了公益信託的推廣發展。

(二) 公益目的信託模式

根據《信託法》規定，公益信託的信託財產及其收益不得用於非公益目的。在實踐中，信託公司根據委託人的要求可能保留信託財產的本金，將信託收益的全部或部分捐贈用於公益目的，使這類信託具有了一定公益性質，但不屬於嚴格意義上的公益信託，這種無須通過公益事業管理機構審批，因此一般稱為公益目的信託或準公益信託。由於其運作更具彈性，市場接受程度更高，也成為目前信託公司參與公益事業的最主要形式之一。如2013年12月百瑞信託成立的「百瑞仁愛・天使基金1號」信託計劃，委託人加入信託計劃一定期限後本金可以贖回，投資收益則捐助腦癱兒童救助事業。

(三)「信託+基金會」模式

信託公司採取信託與基金會合作模式，在一定程度上能夠解決信託公司不能開具捐贈收據的難題，也克服了自身在公益項目篩選、資金使用方面的不足。在合作過程中，信託公司負責資金的募集、投資等，基金會負責捐贈項目的篩選、捐贈資金的使用及為捐贈人開具捐贈收據等事項，取得了一定的積極效果。例如，華寶信託擔任受託人的「華寶愛心信託項目」，受託人接受客戶捐贈後，捐贈資金根據客戶的選擇，通過合作機構全部或部分用於救濟貧困、突發災害等的救助、發展教育、文衛事業等公益項目。不過，該種模式也存在一定的局限性。例如，雖然委託資金最終用於捐贈，並獲得捐贈收據，但作為機構委託人將資金委託給信託公司是一種投資行為，委託資金最終由信託公司通過基金會捐贈，委託人資金的流向與捐贈收據的開具存在不匹配的情況，需要與稅務部門溝通並獲得其認可後才能獲得稅收優惠。

三、《慈善法》頒布後慈善信託的模式創新

2016 年 3 月頒布的《慈善法》在以下方面有了明顯突破：一是明確將信託作為慈善活動重要機制之一，慈善信託屬於公益信託，信託公司可以作為受託人。二是明確慈善信託的監管部門為民政部門，解決了《信託法》中公益事業主管機構模糊不清的問題。三是確立了慈善信託設立的備案管理製度，改變了《信託法》中設立公益信託事前審批的安排。四是明確了慈善信託的信託監察人根據委託人意願任意設立，改變了《信託法》中公益信託必須設置信託監察人的安排。總體來講，《慈善法》構建了慈善信託運作的基本框架，簡化了慈善信託設立的流程，無疑將對慈善信託發展起到重要的促進作用。

（一）慈善信託模式

信託公司接受委託人的委託，設立慈善信託計劃，並負責慈善信託相關營運工作，見下方的慈善信託基本模式圖。不過，在該種模式下，信託公司在資助項目的尋找、篩選以及後續監督等方面經驗匱乏，所牽涉人力成本較高，而且信託公司不具備開具捐贈收據資格，業務模式仍受到一定的限制。

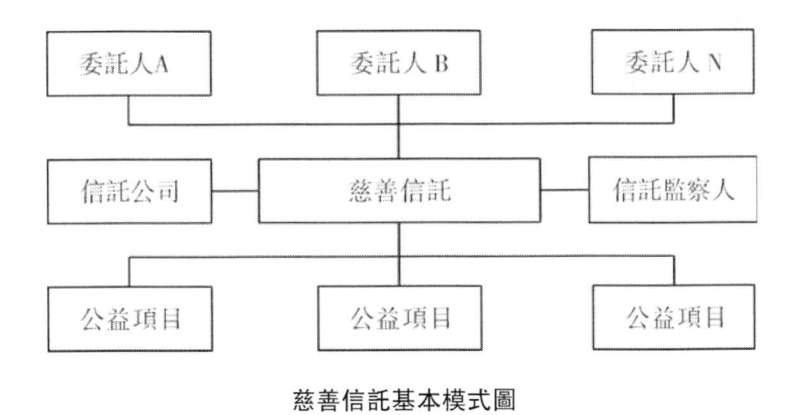

慈善信託基本模式圖

（二）「慈善信託+慈善組織」模式

信託公司依法成立慈善信託，並負責資金的籌集與投資，通過委託相關領域慈善組織負責篩選項目、資金使用、開具捐贈收據等事項，見下方的「慈善信託+慈善組織」模式圖。該種模式有助於發揮信託公司在資金籌集、投資等方面的優勢，發揮慈善組織在資助項目的尋找、篩選及後續監督等方面的營運優勢，同時克服信託公司不能開具捐贈收據的短板。不過，由於捐贈資金是直接委託給信託公司，而非慈善組織，在稅收政策未做出新調整和解釋時，仍然面臨原先「信託+基金會」模式的制約問題。

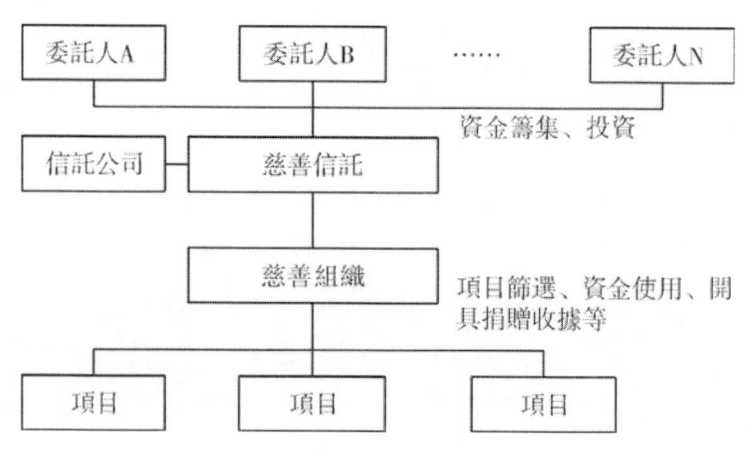

「慈善信託+慈善組織」模式圖

（三）「公益目的信託+慈善組織」模式

信託公司發起設立公益目的信託，委託人委託資金，由信託公司負責資金管理，將投資收益的全部或一部分用於公益項目，這種模式並非嚴格意義上的慈善信託，但可以達到一定的公益目的。實踐中根據需要，可以在公益目的信託和慈善組織之間再架設一個慈善信託，將公益目的信託捐贈的資金集中管理，嚴格按照《慈善法》相關約束開展業務。

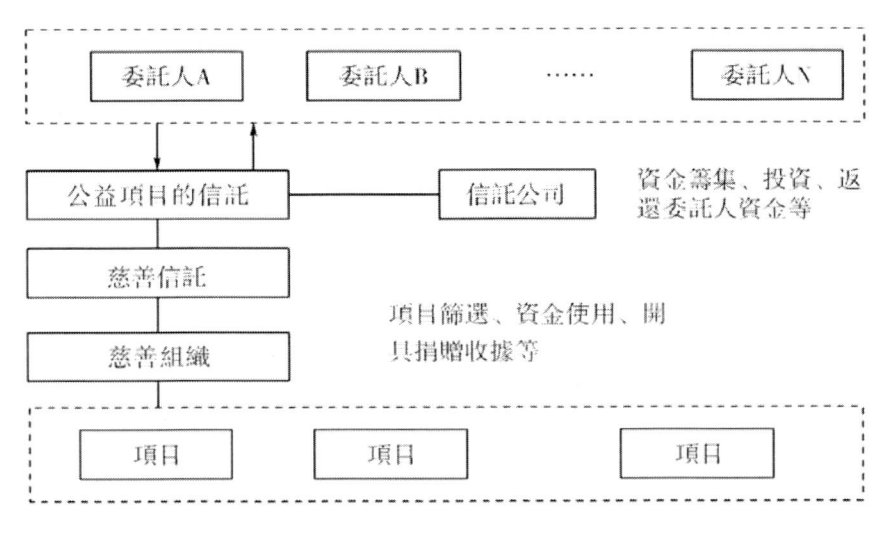

```
┌─────────────────────────────────────────────────────────┐
│  委託人A      委託人B     ……      委託人N                │
└────┬────────────────────────────────────────────────────┘
     ↓↑
┌──────────┐       ┌────────┐    資金籌集、投資、返
│公益項目的信託│───────│信託公司 │    還委託人資金等
└────┬─────┘       └────────┘
     │
┌──────────┐
│ 慈善信託  │            項目篩選、資金使用、開
└────┬─────┘            具捐贈收據等
     │
┌──────────┐
│ 慈善組織  │
└────┬─────┘
┌────┼───────────────────────────┐
│ ┌────┐      ┌────┐      ┌────┐ │
│ │項目│      │項目│      │項目│ │
│ └────┘      └────┘      └────┘ │
└────────────────────────────────┘
```

「公益目的的信託+慈善組織」模式圖

(四)「家族信託+慈善信託」模式

慈善信託與傳統的慈善捐贈、慈善組織等形式相比，更大的優勢體現在能夠充分體現委託人的意願，吸納和運用大額慈善捐贈，在英美等國家和地區中廣泛運用於家族財富管理與傳承中，實現了財富傳承的私益目的與社會公益目的的協調統一。在當前信託公司積極佈局家族財富管理業務時，可以考慮嵌入慈善信託的安排，滿足委託人參與公益事業的需要，見下方的「家族信託+慈善信託」模式圖。

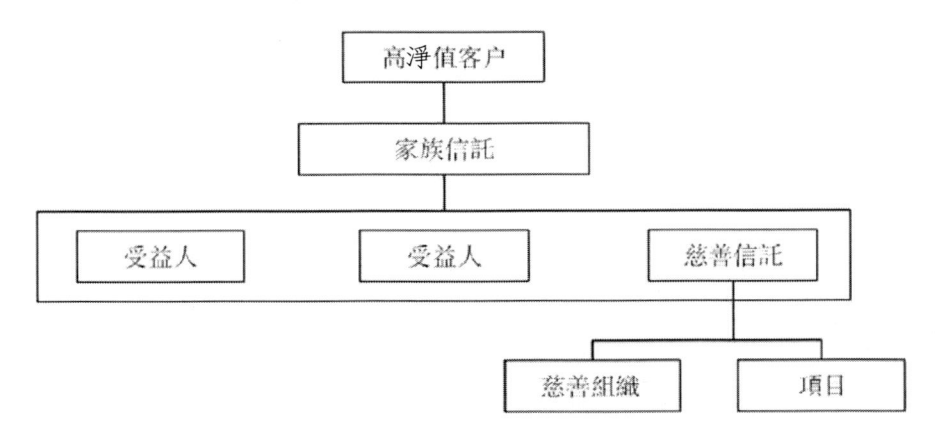

```
           ┌──────────┐
           │ 高淨值客戶 │
           └─────┬────┘
                 │
           ┌──────────┐
           │ 家族信託  │
           └─────┬────┘
       ┌─────────┼─────────┐
    ┌──────┐ ┌──────┐ ┌──────┐
    │受益人 │ │受益人 │ │慈善信託│
    └──────┘ └──────┘ └───┬──┘
                      ┌───┴───┐
                  ┌──────┐ ┌────┐
                  │慈善組織│ │項目│
                  └──────┘ └────┘
```

「家族信託+慈善信託」模式圖

（五）「非現金資產慈善信託+慈善組織」模式

傳統捐贈以貨幣類資產為主，而對於股權、不動產等財產或財產權捐贈受配套政策不健全所限，稅收成本很高，導致出現「棄捐」甚至捐贈財產流向海外等問題。信託公司在受託管理多樣化的財產類型方面具有豐富經驗，可將股票、房產等非現金資產設立財產權信託，信託財產所產生收益用於公益項目，可以在一定程度上規避非現金資產捐贈中的高額稅收問題。未來通過健全配套信託財產登記製度，能夠開闢出更具個性化和獨特優勢的慈善信託業務空間，調動更多社會資源參與慈善公益事業。

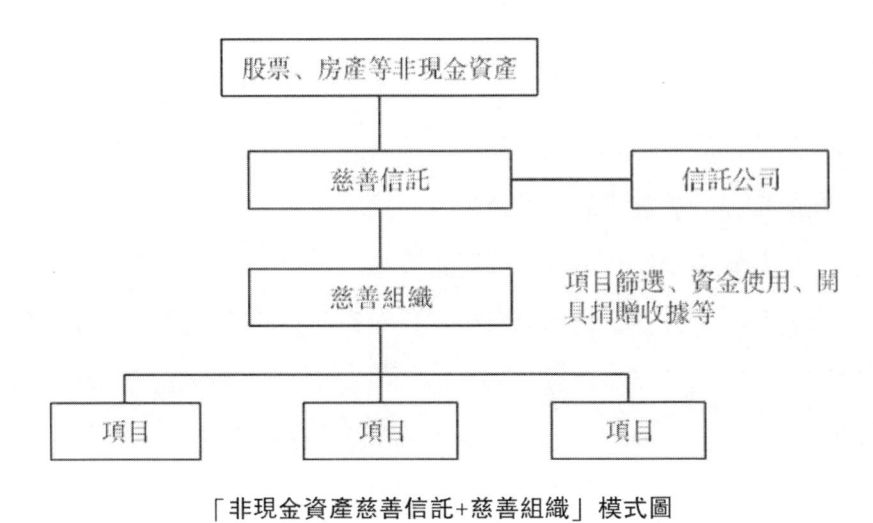

「非現金資產慈善信託+慈善組織」模式圖

四、結語

慈善信託發展源遠流長。新頒布的《慈善法》為中國慈善信託發展提供了良好的法律製度基礎，信託機制的獨特作用將在中國慈善公益事業中得到充分發揮。根據《慈善法》規定，信託公司與其他慈善組織均可以作為慈善信託的受託人，但二者各具優點，信託公司在資金的管理、保值增值、信息透明度、營運成本等方面具有優勢，而慈善組織

則在公益項目和受助群體的開發、管理等方面有豐富經驗，二者之間的互補性、合作性要遠大於競爭性，蘊含著廣闊的創新發展空間。此外，慈善信託的發展也離不開稅收政策、信託財產登記等配套製度，以及不同監管部門政策協調的保駕護航。

參考文獻：

[1] 黎穎露. 關於股權捐贈和慈善信託的稅收問題 [J]. 中國民政，2016（6）：31-32.

[2] 欒東慶，魏豔. 慈善信託監管方式之嬗變：基於慈善法草案的思考 [J]. 中國民政，2016（4）：32-32.

[3] 張强，韓瑩瑩. 中國慈善捐贈的現狀與發展路徑——基於中國慈善捐助報告的分析 [J]. 中國行政管理，2015（5）：84-88.

[4] 倪受彬. 現代慈善信託的組織法特徵及其功能優勢——與慈善基金會法人的比較 [J]. 學術月刊，2014（7）：88-95.

[5] 陳凌，陳華麗. 家族涉入、社會情感財富與企業慈善捐贈行為——基於全國私營企業調查的實證研究 [J]. 管理世界，2014（8）：96-107.

[6] 高功敬，高鑒國. 中國慈善捐贈機制的發展趨勢分析 [J]. 社會科學，2009（12）：54-63，184-185.

[7] 解錕. 英國慈善信託製度研究 [M]. 北京：法律出版社，2011.

[8] 何寶玉. 英國信託法原理與判例 [M]. 北京：法律出版社，2001.

[9] 金建棟. 金融信託全書 [M]. 北京：中國財政經濟出版社，1994.

互聯網金融下的信託創新

陳建超　朱曉林[①]

互聯網金融的特性是社群、互聯、無邊界，實現時間和空間的縱橫交錯，擺脫各種物理空間的限制。互聯網金融實現了信託服務人群半徑的極大拓展，而互聯網金融下創新業務的發展，帶來的是營銷方式及管理的電子化，如客戶信息的搜集及歷史數據的分析、營銷管理的自動化和實時監控、交易合同的電子化等。而在具體的業務實踐過程中，信託公司的創新業務與互聯網金融的融合體現在以下四個方面。

一、現金類產品

現金類產品是客戶閒置資金及小額資金增加收益的有效方式，也是創新型互聯網信託業務的直接體現。現金類產品可以促使信託公司的現有資金池業務由「非標」向標準化轉變，同時實現資金「蓄水池」的作用，解決在資金閒置期間與目標產品不匹配下的資金使用問題。

繼阿里「餘額寶」、蘇寧「零錢寶」、東方財富網「活期寶」、數米基金網「現金寶」之後，平安集團旗下的陸金所近期也推出了「陸金寶」業務。在用戶開通「陸金寶」功能後，投資到理財產品的收款將

[①] 陳建超，經濟學博士，中鐵信託研究發展部總經理；朱曉林，中鐵信託研究發展部研發經理。本文發表於《當代金融家》2015 年第 9 期，內容略有修改。

自動購買「陸金寶」服務，年收益率在2%~6%浮動，這意味著用戶沉澱在陸金所帳戶中的「碎銀子」也能產生收益。這種「P2P+類餘額寶」的模式很吸引客戶，投資到陸金所理財項目的資金本身就有超過8%的收益，收益再投入「陸金寶」，相當於獲得二次收益。

通過互聯網金融，讓小資金可以做信託，這是一種思路，不過需要把握好法律界限。對於投資者來說，雖然通過互聯網平臺可以實現小資金、高收益，但其中的風險不容小覷。投資者除了要關注項目本身的風險，還要關注該銷售平臺的道德風險。近期出抬的互聯網金融發展指導意見指出，互聯網信託依然要堅持合格投資者標準，注意和防範風險。

那麼，現金類產品目前更多的是存量客戶的資金蓄水，以及新客戶購買產品前的蓄水；而對於降低合格投資者標準的小額資金，雖然在目前的監管框架下尚難以開展，但是在未來隨著信託產品購買門檻的降低，將有望進一步帶動非合格投資者類產品的推出。

二、證券類產品

從長期來看，證券類產品是最適合互聯網金融開發的產品，為此，信託公司需要在合規文化的前提下開發自身的證券類產品。事實上，隨著股市的崛起，目前已有超千億規模的民間資本通過結構化的傘形信託進入股票市場，並實現了證券投資的互聯網化。雖然上述產品規模隨著證券市場的向好得到了極快的發展，但隨著國家政策的打擊，傘形信託的配資模式得到限制和萎縮。

實際上，傘形信託的方式並不能代表信託公司證券類互聯網金融產品的全部，原因是證券類產品的創新主要來源於以下四個方面：

一是證券私募產品的上線。傳統的證券私募產品除了信託公司定期的管理報告和淨值披露外，投資者很難獲得產品的運行情況以及基金經

理的操作思路，存在著較大的信息不對稱，難以獲得良好的投資體驗。目前，在雪球論壇中的客戶已經可以跟蹤投資人的投資軌跡並獲得良好的投資建議，客觀上極大提升了客戶體驗，提高了客戶自身的證券投資技能，也避免了更多的權益糾紛。因此，證券私募產品在目前的私募基金備案制下可以為信託公司贏得一定優勢，通過線上、互動的方式推動證券私募產品的發展。

二是投資於陽光私募證券投資信託計劃的信託產品（Trust of Trusts，簡稱 TOT）的升級。TOT 產品一度是信託公司證券產品創新的代表，隨著信託產品證券帳戶的放開以及私募基金自身的放開，TOT 產品已不被關注。但在互聯網技術的推進下，原先跨平臺的 TOT 產品的技術障礙已經破除，TOT 產品的優勢將得以進一步發揮。借助於互聯網技術，TOT 產品可以實現線上線下互動，以「去哪兒+大眾點評」的方式運作。目前已經備案的私募基金公司數以萬計，為證券類產品的風格多樣化和層次化提供了基礎，更加有利於產品風險的平滑和收益的提升，從中篩選出真正具有投資潛力的私募基金經理，從而保障證券類產品的持續增長。

三是 MM 模式。結合上述現金類產品以及證券私募產品的優勢，大力發展大數據下的證券業務新模式，也是互聯網金融創新業務的最佳體現。長期以來，證券產品投資經理的表現左右了證券產品的表現，而對於投資者的風險偏好是否與產品相匹配一直是個未解之謎，造成證券產品收益不穩定，客戶滿意度不高，實質上都是由於無法精準地分析投資經理和客戶的風險偏好，以及在此基礎上的高度契合。

互聯網金融下的大數據挖掘為此提供了絕好的機遇，通過對所有私募基金運作業績的大數據分析，可以規律性地得出私募基金經理的操作風格以及關鍵節點；同時通過投資者行為分析進一步對投資者進行分

類，將投資者與相應的基金進行匹配。該模式下，既實現了證券公司、信託公司、私募基金的多元合作，也實現了創新類產品的多元組合，有力地提升了客戶的投資體驗，將成為證券類產品的發展趨勢。甚至於上述產品的持續發展，令信託公司有望由一家金融機構轉變為經營大數據的互聯網公司，從而實現信託公司的全面轉型。

　　四是信貸資產證券化等證券化產品的發行。一直以來，信託公司在信貸資產證券化業務的發展中處於劣勢，原因就在於沒有明顯優勢，僅作為受託人出現，應有的自主管理沒有得到體現；另則就是信貸資產證券化產品的發行成為信託公司的軟肋，與信託公司的現有客戶群顯著不同，發行渠道成為根本障礙。而借助互聯網金融，信託公司有望將渠道打通。目前，在建的信託登記平臺以及互聯網受眾的廣泛性，無疑提升了上述產品的潛在客戶群，由此也有利於信貸資產證券化業務的持續開展，從而將該業務做成真正能夠支撐信託公司轉型的創新業務。

三、公益信託類產品

　　通過互聯網金融，讓小資金可以做信託，這是一種思路，不過需要把握好法律界限。對於投資者來說，雖然通過互聯網平臺可以實現小資金、高收益，但其中的風險不容小覷。投資者除了要關注項目本身的風險，還要關注該銷售平臺的道德風險。

　　公益信託是最能體現信託公司社會管理職能的產品形式，但受制於各種條件的制約，最具備受託人資格的信託公司長期被排除於公益慈善之外。在信託行業取得高速發展的同時，社會形象並沒有得到顯著提升，特別是在風險項目持續暴露的情況下，加劇了社會投資者對信託行業的疑慮。因此，公益類信託產品是借助互聯網金融體現信託社會責任感的重要產品形式。

目前，騰訊、阿里巴巴等互聯網巨頭借助自身的支付工具開始做公益事業，但其產生的效果有限，而且相應的製度、監察體系並沒有建立，信息披露也不十分透明。信託公司自身的製度設計和管理流程對開展公益事業有著很好的基礎，借助互聯網金融，可以聚沙成塔；借助慈善信託立法的「春肥」，可以加速推進公益信託產品。一方面可以做純公益信託，募集資金投資於公益事業；另一方面也可以實現公益信託與客戶服務提升的結合，如設立濕地保護公益信託，在保護自然環境的同時，客戶可以實地探訪濕地。與此同時，公益信託因自身沒有金額的限制，通過線上發起、線上支付、全程監控，可以實現多種公益事業的發展。

此外，公益眾籌也是公益信託的一個重要方式，可以通過大眾捐贈的方式做公益活動，進一步增強信託的品牌影響力，彰顯社會責任感。

四、消費信託類產品

在中國經濟轉型過程中，消費將成為未來經濟發展的重要推動力，由此，消費品將成為一個巨大的市場，與消費有關的行業將成為信託借助互聯網進行創新的主戰場，其包括農業及日用消費品、教育、醫療、養老和旅遊產業等。消費類信託產品開發尤其以中信信託為代表，其土地流轉信託是典型的大數據下的信託業務創新模式，已經取得了良好的社會效果。

（一）農業及農產品消費信託

農業一直是國家重點關注的行業，每年的中央 1 號文件基本上都是針對「三農」問題的；介入農業，也成為信託體現社會責任的意思表示，如通過土地流轉信託以及互聯網金融產品模式帶動農業信託的大力發展。而對於農業及農產品消費信託的業務創新，可以從其他互聯網金

融產品的設計上得到啓發，如「大家種」網和「耕地寶」兩款產品。

「大家種」網是一個農產品的眾籌網站，主要針對北京周邊農場的有機產品，用戶可以通過眾籌方式預定所需商品，眾籌完成後農場才開始種植。在作物生長過程中，用戶可以親自去考察產地和種植方式，讓農業更加透明和放心。「大家種」網上線後，短短幾個月已接入20多個眾籌項目，作為國內首個農業眾籌平臺，也已經拿到了天使輪投資。

「耕地寶」是由安徽農民、浙江興合電子商務有限公司和阿里巴巴「聚劃算」平臺等聯合推出的首個互聯網定制私人農場，將百姓手中的「散錢」聚合起來進行投資，投資者不僅可以獲得私人農場一年四季的無公害蔬菜，還可以獲得當地旅遊景點的免費門票和住宿等。根據投資者定制要求，近300農戶簽訂了土地流轉合同，其中，很多流轉土地僅有幾分地。「耕地寶」發揮了電商對生產要素的聚合效應，運用眾籌模式開墾耕地，彌補了傳統農業在資金、人才和技術方面的短板，可以擴大農業投資，同時將小錢聚集成大錢投入農業，對傳統農業產生重大影響。

(二)「快消品」的消費信託

歷史上，白酒、葡萄酒、藝術品、鑽石、黃金等消費品信託總是曇花一現，未取得實質性效果，除了市場環境原因外，更多的是產品盈利模式的不足導致的。而目前互聯網金融下的快消品信託得到了快速發展，如中鐵信託加大了對這方面的業務實踐探索，針對白酒特別是基酒的市場低迷、茶葉市場的無序發展、藥材等市場規模化的要求，通過發起產業基金，實現互聯網金融下的工具運用，在具體的產品營銷、產品設計、後續管理上體現出互聯網思維，也代表了傳統消費品行業的互聯網改造，為信託公司業務創新提供了一條發展之路。

(三) 養老信託

中國「銀髮社會」的加劇使得養老市場極其巨大，但對於養老產

品的提供仍處於初期階段。借助互聯網金融，可以大力發展養老信託，實現產業鏈上的養老產品和服務的資源整合。如中鐵信託設計的「固定收益+服務回報」「養老+旅遊+家族信託」等多元化產品方式，可以實現養老產業上、中、下游資源的整合，充分發揮自身的獨特優勢和合作夥伴優勢，為養老信託的業務模式進行積極嘗試。

（四）中小企業及供應鏈信託

長期以來，融資難、融資貴成為制約中小企業發展的「瓶頸」，而如何判斷其中的風險成為阻礙發展的主要原因。借助互聯網金融，信託公司在中小企業資金支持方面大有可為。如外貿信託已在小微金融方面探索出了自己的發展模式，並已向超過 500 萬個人及小微企業發放了貸款。根據小微金融批量放款的特點，外貿信託綁定中金支付、銀聯等支付機構進行批量付款，實現了貸款發放的電子化簽約。

除了小微貸款外，供應鏈信託也是重要的、服務中小企業的業務模式。通過尋找大型集團，並以大型集團為核心企業，在整合上、中、下游的基礎上，借助大數據分析及線上申報、放款、管控方式，為中小企業提供供應鏈信託，實現融資的閉環管理和大優客戶戰略，極大地降低了信託資金的風險。

（五）家族信託類產品

家族信託在國內市場的巨大需求以及信託迴歸本源業務的需求，使得家族信託業務具有廣闊的發展前景。實際上，近年來家族信託在國內已經有所發展，但速度和規模一直受限於法律、專業人才與服務不充足、商品創新不足等障礙。目前，已經開展的家族信託業務大多以客制化服務為主，覆蓋率較低。而「定制化+標準化」是家族信託本土化的清晰方向。2015 年 4 月，中融信託發布了「承裔澤業標準化家族信託產品」，起點為 1,000 萬元，除資金及金融資產外，還可提供股權、房

地產等一攬子資產信託方案。

標準化家族信託產品，是將「家族信託規劃服務」變成「家族信託金融產品」的過程，具體體現為產品規格標準化、營銷流程標準化、信託規劃標準化、操作流程標準化、服務流程標準化。這樣的標準化家族信託產品為信託公司提供互聯網金融產品提供了基礎，大量的家族信託需求通過互聯網金融可以實現在標準產品上進行非標產品的組合，利用先進的技術實現資產配置組合和過程監控。

(六) 受益權轉讓

信託資產管理規模的快速膨脹，使得為存量信託產品提供流轉平臺成為必然。近期，成都一家理財公司推出的51信託網對信託受益權進行分拆轉讓，為信託產品提供流動性。雖然從操作方式來講，更多的是上述公司受讓未到期產品並進行分拆轉讓，但這與現有的受益權不得分拆轉讓的監管法規不符，並與各家信託公司必須在櫃臺辦理轉讓手續存在衝突，加上信息不透明等，容易產生風險。不過，從另一方面，也應看到其具有積極的借鑑意義，未來通過完善配套製度、規範流程及加強信息披露，對於提升信託產品流動性具有極大的好處。

(七) 增值服務

在投資者教育以及服務等方面，信託公司仍有極大的提升空間，借助互聯網金融，信託公司在增值服務方面有了更大的發展空間，如專屬理財服務建議、資產配置建議以及其他多項增值服務。

應該說，互聯網金融與信託創新業務的結合具有很強的融合性和連接性，信託創新業務將在互聯網金融下得到更快地發展並具有良好的生態環境。

業務探索篇

信託公司產融結合之路如何推進

王 興[1]

一、產融結合的現狀

產融結合是中國企業近年來做大做強的重要手段之一。目前，國內大部分央企已經構建了比較健全的金融板塊，並且以服務主業、滿足內部金融需求、創造價值等為導向，進行了不同程度的產融結合。以某央企背景的信託公司為例，累計為產融合作項目提供了約 600 億元信託資金，創造產值近千億元，實現利潤總額超過 60 億元。

在產融結合中，建築施工企業為項目業主成功引入信託融資，以不墊資、不降造等優厚條件獲取項目施工。同時在建設過程中，通過對項目資金的監控，及時實現了工程款的清收，個別項目還可獲得一定的監管費，實現了較高經濟效益，有效拓展了非建築施工企業的收入來源。

二、產融結合的成就

總體來看，產融結合取得了以下成效：

1. 幫助產業方企業獲得低成本資金

信託公司可以利用單一資金信託為產業方提供低成本資金，部分資

---

[1] 王興，金融學博士，中鐵信託有限責任公司副總經理。

金可以實現基準利率下浮。

2. 幫助產業方獲得重大施工任務

如安徽某商品房項目為某施工單位帶來約 53 萬平米的施工任務，安徽某高校項目為某施工單位帶來約 100 萬平米的施工任務，南昌一基礎設施項目為某施工單位帶來了超過 70 萬平米的施工任務，恒大地產項目帶來了 150 萬平米施工任務。此外，還通過金融同業的合作以及融資客戶推薦，為系統內單位獲取施工任務。例如公司參與了某銀行與另一家信託公司之間的定向資管業務，該業務成功為某施工單位獲得了直轄市重慶超高層地標性建築的施工任務。

3. 延伸產業鏈，增進盈利能力，助推集團公司快速發展

集團公司作為以建築為主業的產業集團，在行業總體利潤率普遍不高的背景下，產融結合為其注入了更多的增長動力。發揮了以建築施工業為運作平臺的潛在生產力，延伸產業鏈條，拓寬工程領域。發揮金融平臺對產業和資源的優化整合能力，發揮集團在設計、規劃、施工、監理、監管等方面的協同效應，管控可能帶來金融風險的工程風險、施工風險、安全風險等伴生風險或潛在風險，為信託公司提供隱形的安全保障。同時還助推信託公司拓展業務空間，完善主動管理能力，提升綜合實力。

三、產融結合的教訓

信託公司產融結合相對集中在房地產領域，近年來受行業政策及宏觀經濟的持續低迷影響，負面信息及風險事件頻發。部分項目存在開發進度延遲、工期滯後、銷售不暢、還款來源不充分、項目監管缺位、甚至面臨法律糾紛等問題。除宏觀因素外，產融結合的以下方面教訓應引起高度重視：

1. 缺乏嚴密、系統的頂層設計

儘管產融結合開展已經有一段時間，但是絕大部分產業集團並形成一套完整明確的產融結合總體規劃，對產融結合的參與主體、行業或產業領域、合作授權、權責劃分、項目評估、項目審批、金融增信、工程管理、營運監管、利益分配、風險分擔、風險處置、協同機制等重大事項缺乏明確的政策規範或操作指引。大家都是摸著石頭過河，各說各的話，各干各的事，各吹各的調，各自作戰，沒有真正的協同。

2. 缺乏完整、明晰的風險管控機制

現代經濟金融活動，都非常重視風險管理。前期的盡職調查、融資後的現場檢查或投後管理、施工中的工程監管、對項目的非現場分析和風險監測、發現風險後風險預警與風險報告、風險信息的處理、風險責任的追究、風險的處置預案和處置手段、押品管理等都應有明確的規範。盡職調查，產業方和金融方各自依據的評估體系存在差異，可能導致相互依賴或相互排斥，為項目埋下風險隱患。有的產融項目，單純從項目的區位、市場、產品、價格、規劃看都沒有問題，但從管理者的經驗與能力上看則問題很大。過度以項目為導向，忽略了對管理者治理和營運能力的評估，給我們帶來了較大的風險。

在雙方合作中，對於投後管理和工程管理、工程進度和施工建設、資金回籠和運用等問題很少進行月度、季度、半年或年度等階段性報告。由於沒有就上述問題進行認真討論並研判風險點和市場形勢，金融方更多地關注一些財務數據和銷售數據，對工程本身關注度不夠；產業方主要集中在建設任務上和收款上，對項目全局、項目風險關注度不夠。當出現風險時，或者一方發現風險但另一方並未提出，或者不知道風險報告的對象、方式、後果。風險報告機制的缺失，導致很多問題最終不了了之，這使得「早發現、早預警、早處置」的三早機制最終淪

為一紙空文。

3. 項目運行管控存在缺失，產業方未能充分盡職履責

在產融合作項目中，產業方不僅是項目推薦方，還承擔項目運行管控的責任。「責任是否履行到位」是確保相關項目能夠按照預定方案順利運行的關鍵所在。但在實際運行中，由於部分合作單位未能嚴格按照相關監管協議或開發項目基本監管要求履行相應職能，一定程度上存在監管定位不明確、監管人員不到位、監管範圍不全面、監管措施形式化等問題。個別項目甚至存在帳戶印章脫離監控、資金挪用外流、資產被人為轉移等重大監管疏漏。

4. 擔保條款的有效性不足，流動性風險控製乏力

產融合作項目中，很多都是以產業方為融資方的資金安全提供流動性支持或其他隱性擔保。但實際運作過程中，對產業方的流動性支持或擔保能力如何評估還沒有一套指引或操作守則，很難進行實質性的評估，對流動性支持的觸發條件、支持安排、資金歸集等並未做出明確安排。當融資方不能按時還本付息時，易導致合作單位之間相互推諉、無人負責，特別是相當部分的流動性支持或擔保承諾超過了產業方上級對其授權，並未得到有權審批部門或上級部門的審批，而產業方或無實際履約能力或調動資金受到上級部門的管制而無法履約，特別是相關合作單位班子成員調整後，原定的流動性支持方案被擱置，流動性支持義務難以實際履行，對信託資金的按時足額收回造成影響。同時，產業方若不能繼續提供擔保再融資，勢必造成部分合作項目出現「只收不貸」的極端情況。在市場低迷、現金流不暢時，可能形成信託違約不能兌付、擔保單位遭到司法催收的「雙輸局面」。

5. 流動性支持或兜底條款、擔保承諾操作性不強

這些條款可能過於簡單、在法律上爭議較大、對支持擔保的內容、

方式、期限等沒有明確的條款和約定，可操作性不強。更不能忽視的是，一紙「流動性支持承諾或所謂的擔保條款」，往往導致融資方忽視風險監測，把全過程風險管理的責任推到產業方，產業方則認為自己承擔了擔保責任，轉而將兜底風險向項目業主通過收取巨額擔保費、預收工程保證金、簽訂不平等的施工合同等向項目業主進行轉嫁，這也是很多項目被壓垮的原因之一。

四、信託公司產融結合的方向

一是在合作機制上，要有頂層設計。在合作主體上，要有資格資質准入門檻，不是什麼層次的企業都可以搞產融合作；在合作規模上，要有集中度、風險敞口等限制和授權；在合作產業行業區域上，要有禁入標準；在風險管控上，擔保機制、兜底條款、風險分擔要經權威審批和要有兌現剛性。

二是在管理方式上，要從融資信用管理向投資主動管理轉變。傳統的產融結合，金融方管理主要是「信用管理」，更多是一種事後管理、間斷管理、獨立管理，把工程項目的風險管理更多附加給了產業方。未來的產融合作應該是更積極的主動管理，涉及全過程管理、實時管理、封閉管理、共享管理、實時管理，更多介入公司治理、決策權利、項目規劃、工程施工、重大財務、資金控製等關鍵環節，把事後管理變為場景實時動態全過程的主動管理，把風險發現、控製、處理在運行過程，而不是災難發生後再充當救火隊員。

三是在合作夥伴上，要從系統內更多地拓展到系統外。產融結合儘管出現不少問題，但不可因噎廢食，要看到產融結合更多正面、積極的功能，通過完善製度、明確規則後，就能把「壞的產融結合」變成「好的產融結合」，合作模式本身並沒有問題。可以在大型央企如中交、

中鐵、中水、中建、中冶等、有實力的政府平臺、地方國資平臺、大型企業集團、區域龍頭集團及 500 強等企業中加以推廣運用，擴大產融對象，延伸產業鏈條，拓展產融空間，開發衍生業務，讓產融結合的成熟模式發揮倍增效應。

四是在風險管控上，要有全面的管控機制。建立從盡職調查、投融審查、投後管理、內部審計、風險排查、風險報告、風險控製、風險處置、損失分擔、問責處理等全方位的風險管控機制。風險評估應該要兼容產融雙方的評價標準，避免產融雙方各有一套評估標準、評估體系，要能相互兼容。風險監測也應兩位一體、共同分析共同把脈，過程監管中工程監管、項目監管應以產方為主、融方為輔，明確各自負責邊界，產融雙方彼此要開展行為監管，金融方定價要考慮產方的利益，產業方的行為要對融方透明，金融方要監督產方的行為，不允許產業方對項目業主「獅子大開口——漫天要價」。產融雙方要開展行為相互監督。

五是高度重視 PPP 產融結合新模式，由「夥伴」向「契約」關係轉變。

PPP 項目投資額巨大，涉及環節複雜，通常是由金融機構和產業資本構成的聯合體參與招標和建設運行，實現共同開發，各擔風險。產業資本、金融機構、政府基於 PPP 的合作方式可以視為是產融結合的新模式，可能也是中國今後一段時期最主要的投融資模式。參與主體上，由產融雙方變為產業資本、金融資本和政府三方，同時產業資本通常為建築商。參與範圍上，聯合體通常是不同企業基於各自優勢形成聯合體，就某個 PPP 項目進行合作。合作範圍的擴大增加了產融結合的廣度，推動了產融結合在基礎設施領域的深化。合作方式上，PPP 模式下，產融雙方通過合約建立合作，而非企業集團內部的協同關係。合作雙方的關係從「夥伴關係」變為「契約關係」。產業鏈條上，產業鏈及

配套金融進一步深化。PPP模式強調全項目週期的整體解決方案。從項目環節看，無論是前期確定承包總價，還是中後期還款安排，都強調設計、建設、營運維護等各個環節的統籌考慮。從合約設計看，由項目合同、股東協議、履約合同、融資合同、保險合同等構成的合同體系也強調整體性。這就要求產業鏈條的延伸，以及相應金融服務的配套。

總體來看，信託公司要更多地關注如何解決資金成本、項目週期與信貸週期匹配、關聯交易等問題，從而為產融結合找到新的途徑。

「走出去」模式：全球資產配置的投資路徑

陳　赤[①]

一、全球資產配置需求漸熱

投資大師巴菲特曾經說過，投資者應該像馬克·吐溫建議的那樣，把所有雞蛋放在同一個籃子裡，然後小心地看好它。但是，近年來，巴菲特也開始在全球範圍進行分散投資了，伯克希爾·哈撒韋公司投資中國的中石油、比亞迪，便是其涉足新興市場的知名例子。近年來的行為金融學研究表明，無論哪個國家，投資者都容易犯本土偏好的毛病，即他們傾向於把大部分股票敞口配置在自己的國家。例如，美國的投資者大約80%的股票配置為本國股票，儘管美國只占全球股票市值的40%；而法國投資者這一傾向更為嚴重，他們把70%的倉位配置給本國股票，儘管該國股票市場僅占全球市值的4%。也許對於投資者而言，他們對本國市場更為熟悉，得到的信息也更充分。但統計數據雄辯地證明，在過去的十年裡，世界最大的10個股票市場中，有9個的實際風險回報率低於由這10個股市構成、權重均等的股票籃子的表現。可見，將投資局限於本國市場的本土偏好是低效的，長期來說將輸給全球大市。

---

① 陳赤，經濟學博士、中鐵信託有限責任公司副總經理、董秘、西南財經大學兼職教授。本文發表於《中國金融》2016年第5期，內容略有修改。

對於中國投資者來說，在經濟全球化的大背景下，資產配置全球化的條件日益成熟。隨著國人投資心態更加開放成熟，越來越多的高淨值人士開始嘗試海外市場投資，並且投資需求逐步從最初的單一化、固定化向多元區域市場、多元幣種、多元資產形式配置及其相互間自由轉換過渡。據招商銀行與貝恩公司聯合發布的《2015中國私人財富報告》的調研數據顯示，已擁有境外投資的高淨值人群占比從2013年的33%上升到近期的37%。當談及未來投資規劃，已擁有境外投資的高淨值人士中超過半數表示將會考慮增加境外投資，另外40%左右保持不變，只有不到10%的受訪者會考慮減少境外投資；而超高淨值人群因其資產規模相對更大，投資需求相對複雜，對境外投資也更具熱情。約57%的受訪超高淨值人士已有境外投資，並看好未來增勢。

目前，一方面，由於國內經濟下行趨勢尚未得到遏制，加之人民幣對美元的匯率向下波動的幅度增大，進一步加強了高淨值人士境外投資需求的動因；與此同時，為規避信用風險和市場風險，以信託公司為主力的各類資產管理機構主動放慢了理財產品的開發節奏，國內具有良好投資價值的資產銳減，一定程度上導致了「資產荒」的局面出現，從供給端促進了高淨值人士加快境外投資的步伐。另一方面，在國內信貸市場、同業市場、資本市場競爭愈益激烈的格局下，執行走出去的國家戰略，開展國際化的信託投資理財業務，成為部分具備條件的信託公司轉型升級的一項戰略選擇。例如，有近10家信託公司的戰略願景的描述中提到了國際化、中信信託、昆侖信託、上海信託、興業信託、華寶信託則明確提出開展國際化信託業務。

二、信託海外投資的主要模式

信託公司開展海外投資業務，目前最主要的模式是通過合格境內機

構投資者（Qualified Domestic Institutional Investor，簡稱 QDII）業務而進行。信託公司從事 QDII 業務，需要取得辦理受託境外理財業務的資格。所謂受託境外理財業務，是指境內機構或居民個人（以下簡稱委託人）將合法所有的資金委託給信託公司設立信託，信託公司以自己的名義按照信託文件約定的方式，在境外進行規定的金融產品投資和資產管理的經營活動。投資收益與風險按照法律法規規定和信託文件約定由相關當事人承擔。現有包括華寶信託、中誠信託、上海信託、中信信託、新華信託、外經貿信託、華信信託、平安信託、建信信託、北京信託、中融信託、中海信託、興業信託、交銀信託在內的 14 家信託公司已獲得該項業務資格。取得資格的信託公司，開辦的具體業務品種包括受託境外理財的單一信託產品（委託人為 1 個）和集合信託計劃（委託人為 2 個或 2 個以上）。信託公司向國家外匯局申請投資付匯額度後，即可在國家外匯局批准的投資付匯額度範圍內，向投資者推介人民幣或外幣受託境外理財集合信託計劃。截至 2015 年年末，信託業 QDII 業務規模接近 360 億人民幣；而華寶信託、中誠信託、上海國際信託、中信信託等的 QDII 累計額度較高，超過 20 億美元，其他信託公司的 QDII 額度則在 6 億美元以下。

雖然監管層賦予了 QDII 業務較為廣泛的投資範圍，但從現有的信託公司 QDII 投資標的來看，除參與證券二級市場交易的基本方式外，常見的還有一級市場的基石投資和錨定投資等。

例如，平安信託推出「君恒穩健」系列信託計劃，其中多期為投資者提供海外投資的渠道，產品採用結構化設計，大部分資金投資於固定收益類產品，進行到期本金保障；剩餘資金用於衍生品投資，其所掛鉤標的涵蓋了全球範圍的股票、商品、利率、匯率、指數等多個領域，為國內投資者全方位參與全球金融市場提供了更多的有效渠道。又如，

中融信託發行的「港融通集合資金信託計劃」系列產品為例，通過 QDII 的形式投資聯交所上市的港股，投資方式多為一級市場的基石投資和錨定投資，主要的投資標的為行業內的大型公司。

　　信託公司開展海外投資業務的另一個渠道是合格境內有限合夥人（Qualified Domestic Limited Partner，簡稱 QDLP）製度。QDLP 是上海為建設國際金融中心而推出的一項金融創新措施，即滿足一定條件的境外對沖基金將獲準在境內募集人民幣，再通過 QDLP 通道兌換成美元，投資境外二級市場。2013 年，上海啓動了 QDLP 業務試點，隨後青島和重慶也推出了相應的業務試點，募集資金主要投資於境外二級市場。2013 年 9 月，首批上海 QDLP 試點基金名單公布，包括全球第二大對沖基金英仕曼、美國橡樹資本等 6 家基金共獲批 3 億美元 QDLP 額度，其中每家公司將分獲 5,000 萬美元。多家信託公司積極與這些公司合作發起 QDLP 信託產品，甚至有信託公司已申請相關產品備案銷售。但是，由於監管部門擔心 QDLP 資金因市場原因無法按時回流，將導致信託產品陷入償付違約風險，因此暫時叫停信託公司從事該業務。此後，信託公司繼續探索新的方式參與相關業務。例如，由摩根大通和上海信託合資設立的中國國際基金有限公司於 2015 年 8 月獲得批准，將把在中國籌集的 1 億美元資金投資於一家海外對沖基金，成為首家獲得合格境內有限合夥人（QDLP）資格的國內基金公司，且摩根大通持有該公司 49% 股權。上海國際信託有限公司持有中國國際基金有限公司剩餘的 51% 股權。

　　繼上海推出 QDLP 製度後，深圳也推出一項類似的試點製度——合格境內投資者境外投資（Qualified Domestic Investment Enterprise，簡稱 QDIE）。QDIE 允許滿足條件的深圳市金融機構申請合格境內投資者境外投資試點資格，獲批試點資格的機構可向深圳市 QDIE 試點工作聯席

會議辦公室申請設立投資於境外的投資主體及產品外匯額度；境外投資主體可面向境內合格投資者募集資金，資金在獲批的產品外匯額度內換匯出境。與QDII、QDLP相比，QDIE最大的亮點在於試點境內金融機構作為投資主體，並且在境外投資範圍上有了明顯突破，將投資範圍從證券類投資標的，延伸至境外非上市公司股權、債權、對沖基金以及不動產、實物資產等。

信託公司積極參與QDIE業務。2015年1月，中誠信託在深圳前海設立的子公司——深圳前海中誠股權投資基金管理有限公司（前海中誠）獲得了QDIE資格，成為首家獲批該項資格的信託公司。2015年7月，中誠信託正式發行「睿投」系列及「精選」系列兩個QDIE產品，獲批換匯額度共計1.45億美元，其中「睿投」系列主要投資於境外證券市場，為具備專業投資能力的投資者提供跨境投資服務；「精選」系列主要投資於境外非標準化產品，包括私募股權基金、未上市股權等，為廣大境內投資者提供了境外非標資產的投資機會，實現了信託公司在該領域的業務破冰。

此外，信託公司還可以通過設立人民幣國際投貸基金開展境外投資業務。人民幣國際投貸作為人民幣資本項目跨境使用的一種新的途徑，通過設立國際投貸基金，開展人民幣境外直接投資和海外貸款業務。繼合格境內投資者（QDII）、合格境內投資者境外投資試點資格（QDIE）獲批之後，跨境人民幣業務花落信託公司。2015年2月，中信信託成為國內第一家可從事人民幣國際投貸業務的信託公司，其全資子公司——中信聚信（北京）資本管理有限公司與雲南雲盟股權投資基金共同設立的雲南聚信海榮股權投資管理有限責任公司（簡稱聚信海榮）獲得批准，正式獲得中國人民銀行及雲南省金融辦批准，從事人民幣境外直接投資、人民幣海外貸款業務。聚信海榮設立的人民幣國際投貸基

金，可根據《境外直接投資人民幣結算試點管理辦法》，將境內募集的人民幣資金調撥給境外子公司；以非金融企業身分申請在銀行間市場發行債務融資工具；以非金融企業身分申請進入銀行間債券市場通過結算代理人進行債券交易和結算；通過子基金在境外金融市場發行以人民幣計價的融資產品等。與 QDII、QDIE 等工具相比，人民幣國際投貸的優勢是投向不受限制，且人民幣無須換匯即可通過境內外機構的審核後直接出境。

三、信託公司開展海外投資業務的策略

(一) 人才策略

投資界有一句名言：投資是人的事業。毋庸諱言，長期以來，信託公司主要是兩眼向內，聚焦於國內市場，尤其是信貸市場。要走出去，在全球資本市場上開展對外投資業務，頓感匱乏的是國際化投資管理人才。而高層次人才的培養，並非一朝一夕之功；即使是引進外援，要磨合到位，也不是短期內可以立見成效的。一個提高外海投資服務能力的捷徑，是信託公司考察有實力和聲譽的國際金融機構，與之結成策略聯盟，信託公司發揮國內客戶資源優勢，國際金融機構發揮諳熟全球市場的優勢，雙方互補，共同開發海外投資業務。在合作的過程中，信託公司選派可造之才向國際金融專家拜師學藝，逐步培養自己的投資團隊，打造主動管理能力。而一些銀行系、金控系的信託公司，則可以與集團內的海外分支機構密切配合，合理分工，利用其瞭解熟悉海外市場的特點，共同為國內客戶提供海外投資服務。

(二) 機構策略

有條件的信託公司，可以嘗試在海外或港澳臺地區設立子公司，一方面便利地利用當地豐富的投資人才和管理人才資源；另一方面零距離

地貼近海外市場，瞭解和掌握海外市場的遊戲規則，親身感受其間的風浪和魅力。目前，已有為數不多的信託公司在香港地區設立了分公司，例如，中信信託在香港成立的中信信惠國際資本有限公司，中融信託在香港成立的中融國際資本管理有限公司，中誠信託在香港成立的中誠國際資本有限公司；而興業信託也表示將在適當時機，在香港設立專業機構與平臺，全面對接境內外市場業務。

（三）投資策略

一是信託公司應堅持長期化投資的策略。長期化策略是在長期內實現財富保值增值的關鍵因素。信託公司與海外合作夥伴應基於對未來經濟週期測算的風險和回報預期，以及對大類資產輪動態勢的判斷，分別構建適合不同類型的國內投資者風險承受力的適當資產組合，並根據市場變化的情況適時予以動態調整，以便在長期內實現風險回報最大化。

二是信託公司應堅持多元化投資的策略。多元化投資有利於提升回報空間，同時並不一定增大風險，這在很大程度上依賴「債券和股票的價格會此消彼長，從而避免投資組合大幅下跌」的理念。高度集中的投資組合利用資本的效率往往較低。根據瑞銀的研究，以高評級美國公司債券為例，過去20年中，該資產可獲得每年6.2%的穩健回報，風險為4.5%。但是，如果將該投資組合的15%從債券轉為股票，則該投資組合反而會實現更高回報（6.7%），並且風險水平略有下降（4.3%）。雖然後一個投資組合包含更大比例風險較高的股票投資，但由於資產類別間的交互作用，新投資組合的波動性卻略有降低，而回報率更高。信託公司構建的海外投資組合，如果能夠在不同區域（美國、歐洲、日本、新興市場等）廣泛配置股票、債券及另類資產，將有利於投資組合度過市場動盪期。

融資類信託如何擺脫「明日黃花」宿命

管百海　劉發躍[①]

以服務實體經濟為導向，信託業多年來為國民經濟建設發揮了重要的融資功能。在房地產、基礎設施等國家重要產業，信託以靈活的製度優勢為相關企業提供了多元化的融資需求，助推實體經濟發展。「十三五」期間，由於中國經濟基本面長期看好，在城鎮化、一帶一路等戰略拉動下，信託業將繼續利用製度優勢，實現資金端增加、居民財富和項目端提供資金支持的雙重目的。

隨著信託業進入持續的轉型期，信託資產規模增速放緩，傳統融資類業務風光不再。新常態下，房地產行業高速增長時代結束，基礎設施領域信貸收緊。在去庫存、保增長宏觀調控下，熱點地區自2015年底以來房價猛漲，但是難掩整個房地產行業的不景氣，分化已成定局。而在基礎設施領域，PPP模式成為主要投、融資模式，但是由於種種原因，PPP項目面臨簽約率低，落地難的困境。

統計數據顯示，從2013年開始，融資類信託業務總量逐年降低。融資類信託資產規模在2013、2014、2015年底分別為5.21萬億元、4.70萬億元和3.96萬億元。與此相對照，信託資產資產規模從2013年

[①] 管百海，中鐵信託研發部負責人，中鐵信託博士後創新實踐基地在站博士後。劉發躍，中鐵信託博士後創新實踐基地在站博士後。本文發表於《當代金融家》2016年第11期，內容略有修改。

底的 10.91 萬億元上升到 2015 年底的 16.3 萬億元。此消彼長，融資類信託資產規模占比從 47.8%一路下降到 24.3%，融資類信託業務正在經歷明顯地下滑。

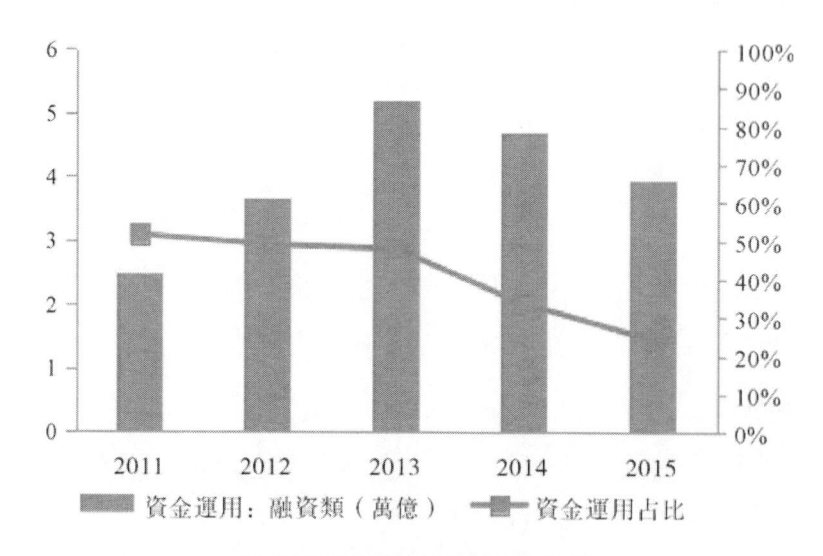

融資類信託業務的規模及占比圖

數據來源：信託業協會 2015—2016 年行業發展報告

融資類信託業務莫非已成明日黃花？非也。表面上，房地產行業高速增長的時代結束，基礎設施領域信貸收緊，融資類信託高歌猛進的時代將近尾聲。但放眼宏觀層面，整體經濟長期向好的基本面並沒有改變。從政策角度，在推進城鎮化建設的大背景下，依然看好支撐房地產和基礎設施長期發展的外部環境；從行業發展角度，目前除了房地產和政信業務，其他業務難以支撐當前信託業如此龐大體量的融資規模和利潤水平；從培育創新業務角度，創新業務在培育期的投入大於產出，仍需要傳統的融資類業務「輸血」。

因此，面對外部貌似不利的發展環境，融資類信託只有改變現有業務模式，進行內涵式的創新，才能在轉型期內繼續開拓發展空間。由於房地產和基礎產業是融資類信託的主要投向，下面將從這兩個領域探討

融資類信託業務模式的創新。

一、房地產信託業務創新

房地產作為國民經濟的重要組成部分，即使在受國家調控的時段，房地產開發投資也呈每年遞增的態勢。但是，新增房地產信託在 2013 年達到頂峰後，開始逐年降低。說明信託資金在房地產投資中的重要性在逐漸降低，其規模和業務占比下降。

從下表可以看出，房地產信託規模的絕對值在 2014 年達到最高值，2015 年出現下降。新增信託投向房地產的絕對值在 2013 年達到峰值，2014 年、2015 年連續下降，房地產信託規模占房地產開發投資的比例亦呈同樣的變化趨勢。絕對值和占比的變化說明房地產信託規模開始出現下降趨勢，而整個行業的信託資產規模卻在持續平穩增加。

2011—2015 年房地產開發投資及房地產信託業務數據

金額單位：億元

內容	2011 年	2012 年	2013 年	2014 年	2015 年
房地產開發投資	61,740	71,804	86,013	95,036	95,979
信託資產規模	48,114	74,705	109,071	139,799	163,036
房地產信託規模	6,882	6,881	10,337	130,95	12,877
新增信託投向房地產	3,704	3,161	6,848	5,471	5,386
房地產信託規模占信託資產規模的比例（%）	14.30	9.21	9.48	9.37	7.90
房地產信託規模占房地產開發投資的比例（%）	11.15	9.58	12.02	13.78	13.42
投向房地產的新增信託占房地產開發投資比例（%）	6.00	4.40	7.96	5.76	5.61

數據來源：中國統計局網站、中國信託行業協會網站

二、風險顯現

隨著宏觀經濟不斷探底，房地產業的高增長時期結束了。無論是房地產商之間還是各城市區域之間，分化都日漸明顯。一些中小開發商或中小城市的房地產項目風險開始出現，並傳導到房地產信託業務。這些風險表現在三個方面：一是項目流動性風險。即在信託產品需要兌付時，項目銷售進度未及預期，資金回收不夠，流動性短缺，導致無法兌付。二是項目終極風險。由於市場低迷，項目最終利潤值低於預測值甚至出現虧損，無法歸還信託本息。三是項目資金外流風險。有時雖然房地產信託項目本身沒有大的問題，但由於信託公司監管不到位、融資方不誠信等原因，出現項目資金外流，也導致信託產品到期時無法兌付。

面對房地產業的放緩和項目風險的暴露，房地產信託業務的創新探索正成為信託公司繼續發展房地產業務的必選項，也是信託公司實現業務轉型、適應新環境的重要組成部分。

三、創新探索的方向

中國仍處於城市化進程，中國房地產行業在今後較長時期內仍面臨較大的發展機遇。雖然房地產行業的利潤水平在逐漸向社會平均利潤水平靠攏，但在一段時期內仍將高於社會平均利潤水平。因此，信託公司仍應將房地產作為業務重點發展的領域。然而，房地產信託業下一步若要健康發展，還需要分析環境、轉變觀念、加強創新管理。

（一）加強房地產信託項目的主動管理

對於信託公司而言，以前的大部分房地產信託項目都是債權型融資，信託公司放款後就很少參與項目的管理，對於項目開發過程中碰到的問題，由於項目進展情況缺乏第一手資料，只是通過開發商的書面匯

報瞭解情況。而融資方為了自己利益，通常在匯報項目進展時隱瞞一些不利信息。由於信息不對稱，信託公司難以瞭解項目的真實情況，往往在信託產品兌付期限臨近，當資金無法按約定回款時，才發現項目的風險，只能被動處置風險項目。

因此，為加強對房地產項目的把控，信託公司需要對房地產信託項目實施主動管理，以達到以下三方面的目的：及時瞭解項目狀況，降低信息不對稱程度；深入參與項目，為項目收益最大化建言獻策；保全信託財產，避免開發商的機會主義行為。主動管理可從以下四方面參與：第一，管控項目公司的公章，避免或有債務；第二，管控項目公司資金帳戶，避免資金外流；第三，參與項目的招標採購，控製項目成本；第四，參與項目銷售定價，掌控銷售進度，平衡項目資金鏈。

(二) 變「明股實債」為真正的股權投資

在當前中國房地產預售製度下，房地產項目對於信託資金的需求主要用於土地購置及達到預售條件前的相關投入。因此，以前的房地產信託項目中，信託公司在形式上對不少項目都採用了股權投資或者信託收益權轉讓的形式，在一定時期內，信託公司對於房地產標的項目公司具有控股地位。但實際上，信託公司在房地產項目中並非真正的股權投資，而是「明股實債」，即開發商、第三方回購或收購信託公司在項目公司的股權時，股權價格為「本金+事先約定的年利息」，信託公司並不承擔項目的風險，相應地也不分享項目的超額收益。這種「明股實債」的模式並不能調動信託公司的積極性，導致信託公司對於項目開發並不真正關心。

在房地產信託規模逐漸縮小、收益逐漸降低的背景下，信託公司應該真正參與到房地產信託項目的開發中，變「明股實債」為真正的股權投資。對於在項目公司佔有的股份，信託公司應該按照公司治理要

求，真正以股東身分規範項目公司運作，完全站在股東的角度考慮項目相關問題，分擔項目風險，分享項目收益。爭取使信託公司收益主要來自項目實現利潤的股東分配，而非固定利率的利息；其實，這也符合房地產開發商的需求，實現產融雙方真正的優勢互補。如果真能做好這一步，信託公司將極大程度地提高其在房地產融資市場的競爭力。

(三) 以養老地產切入養老產業

中國正在快速步入老齡社會，老齡化問題日益嚴重。由於目前的家庭結構，養老模式也正悄然改變。高淨值人群在近年來高速增長，其中相當一部分有養老需求。因此，在較長時期內，中國養老地產將維持快速發展勢頭，信託公司應將這一房地產細分領域作為展業的一個重點方向。在開拓房地產信託業務時，聚焦養老地產和養老信託，並盡量將兩者結合。可以考慮以下兩種模式：第一種是養老消費信託。以中等收入及以上家庭為目標客戶，以信託製度儲備養老資產，開發養老產業，為委託人或受益人提供全方位養老服務。第二種是「以房養老」型信託。老年人可以將房屋以信託財產的形式交給信託機構，同時獲得信託機構的信託收益作為養老金的來源，為其養老生活提供資金上的保障。目前，「以房養老」型信託尚在觀念普及階段。未來隨著房產空置率的增加，此業務空間有望逐漸打開。

(四) 大力發展房地產信託投資基金 (Real Estate Investment Trust，簡稱 REITs)

房地產信託投資基金在國際上已有較長的歷史，在不少發達國家也已有較大的市場規模。但在中國一直雷聲大、雨點小，中間曾一度暫停七年；時至今日，中國發行的真正意義上的 REITs 也屈指可數。

經過 30 多年的發展，中國的房地產市場已形成較大規模。REITs 在海外被投資者們視為股票、債券、現金以外的第四類資產，如能在中

國大力推廣，將有助於完善證券市場產品結構、盤活存量房地產、為老百姓提供新的投資渠道。信託公司應將其作為今後一個重要的新業務發展方向，並做好前期準備工作，在政策具備、條件成熟時，大力拓展此方面業務，使之成為新的業務規模突破口和利潤增長點。

目前國內對REITs的資產結構、資產運用、收入來源、利潤分配和稅收政策等有明確界定和嚴格限制，還難以發行真正的REITs產品。但是隨著政策的逐步完善，下一步發展REITs，應以商業地產作為主要物業；在投資獲利模式上，以抵押型為主。在條件成熟時，再適當發展權益型和混合型REITs。

(五) 挑選優質交易對手，形成長期戰略合作

中國的房地產行業集中度正在提高，小開發商生存空間逐漸被擠壓。在開拓房地產信託業務時，信託公司應優選交易對手。第一，建立房地產信託項目交易對手的篩選標準，按照標準去挑選交易對手；第二，與挑選出的優質交易對手形成長期的戰略合作關係，經過一次合作後，完善合作模式並將其規範化為常態的合作模式。通過挑選優質交易對手，並形成長期戰略合作，從而實現：①項目風險管理：優選出的交易對手一般實力較強、誠信度較高，履約能力強，項目風險就低。②降低交易成本：一是降低了談判成本，二是存在信任基礎，均有利於交易成本的降低。③提高合作效率：由於有固定的合作模式，在後續項目合作時可以直接採用固定模式，從而縮短項目談判和決策過程，提高效率。

四、基礎設施信託業務創新現狀分析

基礎產業信託在近年來出現了明顯的下降趨勢。寬松貨幣政策持續、地方政府發行地方債、平臺公司發行企業債公司債、銀行資金湧入

等多方面原因，導致平臺公司融資成本大幅下降，資金來源渠道增加。信託公司在政信合作業務中逐漸處於弱勢地位，基礎產業信託開始進入困境。

從 2013 年開始，基礎產業信託新增規模結束了增長態勢，開始連年下降。2015 年新增 9,913.04 億元，已低於 2012 年的水平（11,629.65 億元）。從占比來看，2012 年開始便連續下降，目前已降至 15.2%，低於工商企業、證券市場、金融機構等投向的占比。可見，在整個信託行業平穩增長的態勢下，基礎產業信託的新增規模和占比都出現了明顯的下降。

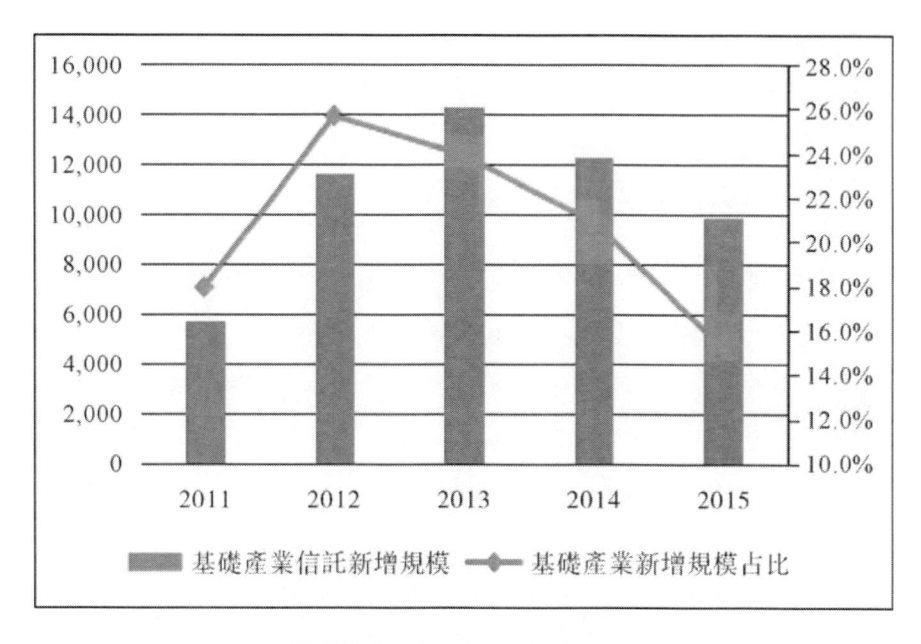

基礎產業信託新增規模及占比圖

然而中長期來看，宏觀經濟基本面仍然向好，城鎮化進程還將持續。基礎產業在未來一段時間仍將發揮經濟托底的作用，在未來幾年保持平穩增長。

五、創新探索的方向

(一) 積極參與 PPP 項目

目前，信託參與 PPP 項目的主要障礙在於成本高、期限長、增信擔保主體不明確等問題。PPP 是塊「硬骨頭」，但這是信託業參與基礎設施項目的必經之路。信託公司需要發揮金融資源連接器的作用，利用自己善於創新的優勢，探索各種參與方式。與傳統政信類信託業務相比，在 PPP 模式下，社會資本能以股東身分分享項目的收益，所以有更高的參與度。但由於 PPP 項目複雜的合同體系，不少地方政府和社會資本心存疑慮。進一步推動 PPP 項目既需要相關法規製度和管理體制的完善，也需要一些項目落地，起到示範作用。

信託公司可根據項目的具體情況開展多種形式的參與方式，主要有以下四種：①權益投資：募集的資金用於受讓項目所享有的特許經營權、基礎設施收費權等穩定現金流的權益。②債權投資：募集資金用於受讓項目公司享有的對地方政府的債權。③股權投資：作為社會資本一方，通過項目分紅回收貸款。④信託貸款：以項目公司為融資方，發放信託貸款。

(二) 加大同業合作力度

新常態下，寬鬆貨幣政策方向確定，資產荒與低收益率並存也將持續下去。無論信託以哪種方式參與政信業務，資金成本高、投資期限短都是最大障礙。同時，在融資規模上，不少 BOT 項目（Build-Operate-Tvansfer，簡稱 BOT）、PPP 項目都投資量巨大，動輒數億甚至數十億。如此大的體量，僅靠信託融資明顯實力不夠。銀行、保險等同業機構具有資金成本低、期限長、融資額度高等特點。信託可以利用產業基金等多種方式，與同業機構合作，通過優勢互補積極參與基礎設施建設。

在合作過程中，信託要積極發揮自己金融資源連接器的作用，通過設計合理的交易結構，引入和對接各種金融資源，讓各方的利益集中，同時各擔風險。在參與方式上，可以將產業投資基金作為同業合作的主要資金運用工具，通過有限合夥的形式對接同業機構，通過分層的結構化設計，合理分擔風險並獲得收益。在存量項目中，信託公司也可以設立信託計劃、授讓相關金融資產受益權，然後對接銀行、保險等同業，實現資產出表和轉讓。

(三) 利用資產證券化解決存量項目融資難

中國的基礎設施項目尚處於高峰期，之後隨著基礎設施的逐步完善，在找到新的增長點以前，基建項目增速勢必放緩。彼時，對存量項目資產證券化將成為融資的重要方式。資產證券化（Asset-Backed Securities，簡稱 ABS）、資產支持票據（Asset-Backed Medium-term Notes，簡稱 ABN）等資產證券化方式目前在信貸資產、應收帳款等多個領域已經比較普遍，而在存量基建項目中尚屬發展階段。信託公司受制於業務結構、儲備等因素，在存量項目的資產證券化上更是屈指可數。隨著監管層對信託公司參與 ABN 持鼓勵態度，信託公司參與基礎設施項目資產證券化的限制已大大縮小。開展此類業務，需要多借鑑銀行、證券等同業在資產證券化方面的豐富經驗，通過機制創新、人才引進等多種方式探索開展證券化業務。而在參與角色上，要改變以往信託公司在資產證券化中扮演的通道角色，加強主導權。可以承擔產品的交易安排人、受託人的角色，同時嘗試提供項目論證、仲介組織以及推廣發行等服務。通過提高整個產品操作流程中的參與度，提高信託公司所提供服務的規範性和附加值。

六、結語

　　從內外部環境來看，融資類信託業務在未來一段時間仍將是大多數信託公司的主要業務。然而，在行業轉型發展的背景下，只有對傳統的房地產業務和基礎設施業務進行不斷的內涵式創新，融資類信託才能進入新的發展階段。

做好房地產信託項目選擇，從源頭管控房地產信託風險

管百海[①]

房地產信託是大部分信託公司的重要業務板塊，根據統計，截至 2015 年年末，全國房地產信託產品共 3,147 個，存量規模為 1.29 萬億元，為信託資金的第五大投向。因此，做好房地產信託項目的風險管理對於信託公司而言具有重要的意義，可以促進信託公司的持續、穩健經營。而風險管理的最重要環節是源頭管控，對於房地產信託項目而言，就是要做好房地產信託項目的選擇。

一、近年來房地產信託項目風險發生情況

從 2013 年開始，由於全國房地產市場持續低迷，房地產信託項目風險陸續爆發，致使部分信託產品不能按約兌付，信託公司遭受損失。根據信託業協會的統計，2015 年年末信託業的風險項目個數為 464 個，資產規模為 973 億元。這其中有不少是房地產信託項目。

房地產信託項目風險發生的形式主要有以下兩種：

一是房地產項目出現虧損，形成終極風險。由於項目土地取得成本

[①] 管百海，中鐵信託研發部負責人，中鐵信託博士後創新實踐基地在站博士後。本文發表於《時代金融》2016 年第 24 期，內容略有修改。

高、產品定位和設計不合理、過程成本管控不到位，以及房地產市場整體不景氣等原因，造成一些房地產項目最終的利潤為負值，出現虧損。這種情況下，如果融資時向信託公司提供抵押的資產和擔保措施僅限於項目本身，或者即使有其他的擔保措施，但無法實施，則向項目提供融資的信託公司就會面臨較大的風險，可能承擔較大的損失。

二是房地產項目銷售不如預期，資金不能及時回收，形成流動性風險。一般情況下，房地產信託產品是有時間限制的，一般為 2～3 年，到期須進行兌付。有些房地產項目，雖然本身仍有利潤，不會發生虧損；但是，由於市場原因，項目銷售進度及銷售價格不及當初的預測，通過銷售回收的資金額低於預期，對於到期的信託產品無法籌集足夠的資金歸還信託公司，從而形成流動性風險。此種情況下，迫於無奈，信託公司只好與融資方進行協商，對信託產品進行全部或部分展期，將信託產品的兌付時間延後。

對於第二種只存在流動性風險的房地產信託項目，一般的信託公司都未納入風險項目進行統計上報；否則，信託業協會統計的風險項目和風險資產規模還將大幅度增加。

房地產信託項目出現風險，有些是由於項目實施過程中新出現的突發情況造成的，但大部分是項目選擇時就存在先天不足，實施了本身條件就不是很好的項目。故做好項目選擇對於房地產信託風險管理尤為重要。

二、房地產信託項目的選擇

以源頭為重點，從源頭把好項目選擇關，對於房地產信託產品的風險管理具有非常重要的作用。在房地產信託項目選擇時，可以分兩種情況，一種情況是只考慮項目本身，不考慮開發商因素；另一種情況是，

將作為融資方的開發商綜合實力納入考慮範圍。

（一）單純針對房地產項目的選擇

在只考慮項目本身因素，還款主要依靠項目本身的情況下，必須認真分析項目的各項條件和因素，篩選出優質項目。

1. 項目所在城市的選擇

隨著時間的變化，不同類型城市的房地產市場也隨之變化。某些階段，一、二線城市房地產市場上升較快；某些階段，國家對一、二線城市房地產進行限購等調控，三、四線城市的房地產市場呈現好的發展勢頭。但總體而言，一、二線城市（尤其是一線城市）的房地產市場比三、四線城市的房地產市場容量更大，市場趨勢向上的概率更高。信託公司在選擇房地產信託項目時，應將一線城市及二線靠前的城市作為優選城市，三、四線城市應慎重。

2. 項目所在區位的選擇

對於房地產項目而言，最重要的就是位置，「位置地租級差」理論對此進行了很好的解釋。對於房地產項目而言，越靠近城市中心區域，正常情況下，項目的客戶目標群越大，項目的銷售速度會越快、售價越高。信託公司在選擇房地產信託項目時，應將區位優劣作為項目選擇的重要標準；對於剛啓動的城市新區項目應慎重。

3. 項目周邊配套完善程度

房地產項目具有外部性，其銷售情況受項目周邊配套設施完善度影響較大。在房地產市場中，我們可以看到學區房、地鐵房、公園房等特定類型的房地產，會吸引特定的客戶群體來購買。所以，包括交通、購物、上學、就醫、餐飲、休閒、娛樂等因素的配套設施完善程度，是信託公司選擇項目時應重點考慮的因素。

4. 項目產品類型的選擇

按照用途，房地產可以分為工業地產、商業地產、住宅地產、旅遊地產等不同類型。總體來講，住宅地產銷售速度最快；其他類型的房地產相對來講銷售週期比較長，工業地產和商業地產等有時還需要開發商自持較長時間，採取以租代售等各種方式，待市場培育成熟後才具備較好的銷售條件。因此，對於要到期兌付的信託產品而言，最好選擇住宅房地產項目；如果事先已取得較大量訂單的工業地產或商業地產，則屬於訂單式生產，能較快回收資金，此類項目也可選擇。在住宅地產中，還分為低密度住宅項目和高容積率項目，在目前不動產登記全國聯網和大力反腐的大環境下，以及房產稅出抬的預期下，低密度房地產項目面臨較大的銷售壓力。因此，對於住宅地產項目，建議信託公司選擇較高容積率的項目，盡量迴避低密度住宅項目。

5. 項目土地成本因素

與20年前房地產開發相比，以後房地產市場將逐步迴歸社會平均利潤水平，在以後的市場競爭中，成本競爭將越來越重要。在房地產開發項目的總成本中，土地成本是其重要的組成部分。一線城市中，土地成本占房地產項目總成本的大部分；二線城市中，項目的土地成本基本上也占項目總成本的一半以上。因此，土地成本的高低將在很大程度上決定項目的市場競爭力。在同一區域，哪個房地產項目的土地成本越低，其就具有天然的價格競爭優勢。信託公司在決策時，應比較具體項目土地成本與市場土地成本的差距。如果目標項目土地成本低於市場土地成本較多，則該項目可以選擇；如果目標項目土地成本高於市場價甚至高出較多，則應放棄該項目。

（二）考慮開發商的綜合實力因素

有時候，除了項目本身以外，項目風險還與開發商的綜合實力有

關，其綜合實力強，則可以在一定程度上降低項目本身的風險。

1. 開發商提供項目以外擔保的其他資產情況

在項目本身資產不能有效規避信託產品兌付風險的情況下，信託公司可以要求房地產開發商提供項目本身以外的資產進行抵押、擔保。

（1）融資方為央企或大型地方國企情況。在融資方為央企或大型地方國企的情況下，可以要求融資方以集團名義為項目融資提供擔保。由於央企及大型國企的國資背景，甚至可以要求融資方以信用作擔保即可，而不需要實際的資產進行抵押。這種情況下，相當於是央企或大型國企的信用融資，項目本身如何，在某種程度上來講已不是關鍵因素。

（2）融資方為民營企業的情況。對於一般的民營企業，則可以要求融資方提供項目以外的實際資產作為融資的抵押物。如果融資方能提供其他的變現能力強的真實資產作為項目融資的抵押，則信託公司也可以在一定程度上降低對項目本身的條件要求。在項目本身不能籌集資金按時歸還信託資金時，可以隨時處置融資方抵押的資產，或者迫使融資方通過其他方式和途徑籌措資金來歸還信託資金，保證信託產品的按時兌付。

2. 開發商的開發管理能力

開發商的開發管理能力對於房地產項目的成敗也起著非常重要的作用，我們經常可以看到，在同一個區域，各種條件差不多的地塊，由於是不同的開發商在開發，其結果相差甚大：有些項目售價低、銷售慢，利潤低，而有些項目卻售價高、去化快，利潤高。因此，信託公司在選擇項目時，不僅要關注項目本身，還應重視開發商的開發管理能力。

三、結束語

房地產信託屬於信託公司的傳統業務，在房地產市場整體處於低迷

的時期，尤其需要做好房地產信託項目的風險管理。而選擇好項目，可以從源頭上管控風險。只要信託公司在開展房地產信託業務時，按照相應的條件仔細進行項目篩選，就能夠在較大程度上規避掉風險較大的項目，為信託公司業務的持續、穩健開展打下良好的基礎。

[參考文獻]

[1] 中國信託業協會網. http://www.xtxh.net/xtxh/analyze/40505.htm.

[2] 扈凌霄. 淺析中國房地產信託的風險管理 [J]. 中國商貿, 2014（2）：104-105.

[3] 邱蕾蕾. 中國房地產信託存在的風險及化解對策 [J]. 哈爾濱金融學院學報, 2014（4）：41-42.

[4] 鄧念, 鄭明高. 房地產信託業務的風險防範 [J]. 中國國情國力, 2011（1）：53-55.

[5] 袁吉偉. 信託項目風險成因與處置方法研究——基於26個信託風險事件 [J]. 金融發展研究, 2013（9）：53-59.

[6] 尹阿東, 何海凝. 房地產信託風險控製措施的研究 [J]. 科技和產業, 2011, 11（3）：54-57.

多樣化探索投貸聯動的信託模式

陳 赤[①]

在供給側結構性改革、產業升級、大眾創業、萬眾創新的時代背景下，銀行業金融機構的投貸聯動應運而生。對於素以貸款業務為主的商業銀行來說，投貸聯動是一項較大的業務創新；而就長期經營綜合金融業務的信託公司來說，投貸聯動則正好可以完美地發揮其既有的金融功能優勢，運用其所累積的豐富的投資經驗，探索並形成科技金融服務的新模式，從而更好地促進科技創新企業的發展。

一、信託具有天然的功能優勢

與英美國家不同，改革開放之初中國引進和繼受信託製度，不是因為社會經濟產生了對信託作為一種優良的財產轉移和財產管理製度的現實需求，而是把它作為一種區別於當時高度集中、僵化刻板的國有銀行的更具靈活性和市場化特徵的融資工具，一塊探索漸進式改革傳統計劃金融體制的「試驗田」。由於種種歷史因素匯集到一起，客觀上要求此時新成立的信託機構具有全能型金融的特點，既要有銀行的功能，可以從事存貸款業務，又要有實業投資的功能，這樣才能實際地參與項目的

[①] 陳赤：經濟學博士、中鐵信託有限責任公司副總經理、董秘、西南財經大學兼職教授。該文發表於《中國金融》2016年第8期，內容略有修改。

建設；同時還要具備在國內承銷和交易股票、債券，在國外發行債券的資格。由此強化了信託機構「金融百貨公司」的傾向，確立了信託業以經營信貸業務為主、兼具投資功能的混業經營模式。

2002 年信託「一法兩規」頒布實施以來，尤其是 2007 年信託「新兩規」出抬後，監管政策的主要引導方向，便是鼓勵和督促信託公司減少一直占主導地位的、與商業銀行貸款同質化的債權融資業務，努力拓展投資業務，包括股權投資業務、併購投資業務以及證券投資業務，以期褪去信託業身上濃重的「類銀行」色彩，塑造自己獨立的行業地位。

可見，從「基因」上講，信託公司一經誕生，便擁有貸款與投資兩大業務傳統；從監管導向上看，信託業的重要轉型方向是擺脫單一的融資業務模式，投資與融資並舉；從目前的市場需求分析，一方面傳統債權融資需求持續下降，另一方面企業部門對共擔風險、共享收益的股權投資的需求不斷升溫；從金融服務的競爭態勢著眼，在現有的金融業態中，信託公司可以說是唯一一個能夠自由地同時開展貸款與投資的綜合經營的金融機構，這是它在金融功能上的一個比較優勢；而從實踐中來考察，信託公司在貸款與投資這兩類業務上，既有寶貴的成功經驗，也有慘痛的失敗教訓。這些因素的共同作用，必將促進信託公司改革信託服務的供給結構，降低風險型債權融資業務的比重，不斷提高股權投資、併購投資業務的份額，成為探索投貸聯動有效模式的一支輕騎兵。

二、先行者的探索

根據中國信託業協會發布的數據，截至 2015 年底，信託資產總額為 163,036 億元，其中，融資類信託資產占比為 24.32%，投資類信託資產占比為 37%，事務管理類信託資產占比為 38.69%。融資類信託資產占比呈逐年下降，2013—2015 年分別為 47.76%、33.65%、24.32%。

在投資類信託資產中，PE 類業務規模為 7,299,801 萬元，占比僅為 0.45%，規模較小，表明從整個信託業來看，投貸聯動的業務模式還在萌芽之中，尚未形成規模化。

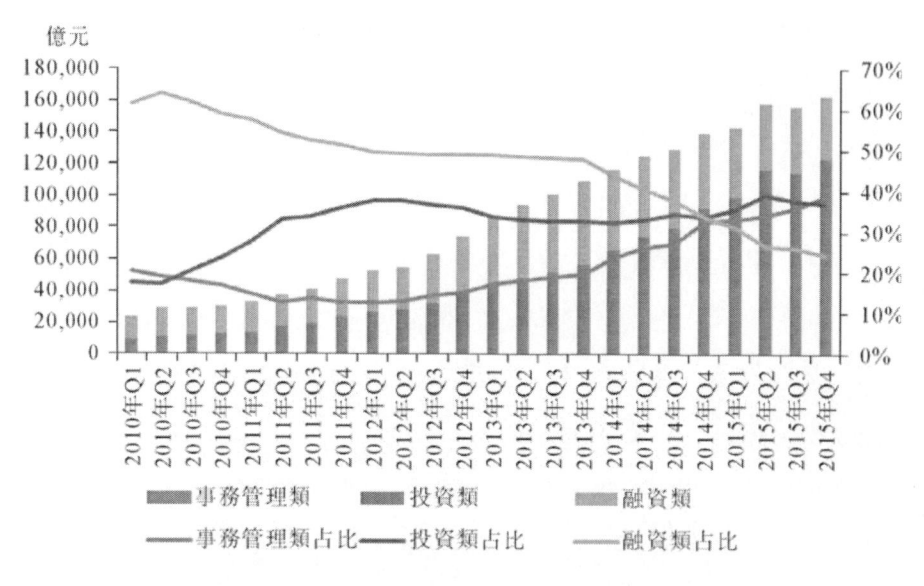

2010—2015 年信託資產按功能分類的規模及占比圖

來源：中國信託業協會網站

但是，一些先行者的探索，已可讓我們一窺投貸聯動的堂奧。例如，平安信託是中國較早系統化地開展 PE 業務的信託機構，通過其全資子公司平安創新資本，平安信託投資超過 80 家企業，投資管理規模超過 300 億元。在平安信託的 PE 投資項目裡，既有對綠地集團、雲南白藥等動輒數十億元的大手筆股權投資，又有上海家化等地方國資改革試點項目的控股型收購，還有作為小股東參與的股權投資。在健全和改進自身的投後管理體系的同時，平安信託整合內部資源，嘗試將綜合金融業務引入到 PE 投資項目中，為 PE 客戶提供股權融資、債權融資、夾層融資、票據融資等全面金融解決方案。為此，平安信託打造了「大投行」的 PE 服務模式，建立了新業務發展事業部，主要通過票據融

資、保理融資、貿易融資等金融產品，為 PE 投資企業的日常經營提供資金服務。平安信託這一舉措，正是嘗試運用投貸聯動模式，為處於不同發展階段的投資企業提供多元化、綜合化金融服務，推動投資企業業務增長，提升企業估值，獲取更豐厚回報。

又如，安信信託通過深入研究發現，在 2016—2020 年的 5 年之間，中國將新增光伏裝機 107GW，按照平均每瓦投資 8 元計算，未來 5 年行業將新增投資 8,560 億元，每年約有 1,700 億元的新增投資機會。光伏電站的特點是建設期投資量大，但並網發電後現金流十分穩定。一般 100MW 的光伏電站，建設期投資約 8 億元。在建設期間，安信信託與專業夥伴合作，設立光伏電站產業投資信託基金，投貸聯動，採用股權融資與債權融資相結合的方式，主動管理，高效建設電站。在熟悉光伏行業並與優勢企業建立策略合作關係後，安信信託充分利用近年來行業復甦和出現賣方市場的寶貴機會，聯合業內優秀的合作夥伴，在併購領域開展更高層次的投貸聯動，綜合運用併購貸款、併購投資、信用支持、股權託管等多種方式，對一批生產設備完好、技術力量雄厚的企業進行併購重組，快速恢復企業產能和產生現金流。

再如，長安信託也推出了自己的投貸聯動試點項目。這一創新產品的設計為長安信託面向合格投資者發行信託計劃，為一家電子商務公司提供信託貸款，而該筆貸款附認股期權，即長安信託有權選擇在本信託首期成立後、投資標的電子商務公司上市前（材料正式報送主管機構前）的任一時點，以 2,000 萬元（新增募集信託資金）向該電子商務公司的實際控製人（或指定關聯方）受讓 5%的股權。

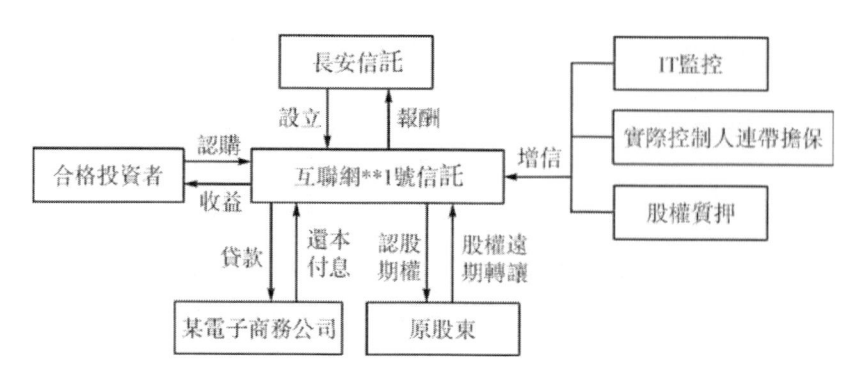

投貸聯動試點項目交易結構圖

來源：長安信託股份有限公司

此外，2016 年 3 月，在廣東省推廣投貸聯動促進創新驅動發展會議上，粵財信託與省金融辦、佛山市政府、建設銀行廣東省分行等四方簽署了《廣東建行投融通業務合作備忘錄》；粵財信託、建設銀行與佛山市廣東好幫手電子科技股份有限公司、廣東金葉雅邦硅膠有限公司等 5 家科技企業簽署了相關合作協議，率先在佛山試點「投貸聯動」模式，支持創新企業發展。

三、投貸聯動的多樣化信託模式

信託公司應在把握科創企業生命週期不同階段的不同需求的基礎上，結合風險控製的要求，探索和設計投貸聯動的具體模式，把對科創企業的投資與貸款，在不同時期之間、不同金融機構或投資機構之間、不同承接主體之間進行合理分布，以期達到效率最高、風險最小的目標。

先貸後投，即信託公司向科創企業發放抵質押貸款或信用貸款後，對企業的經營現狀和發展前景有了進一步瞭解，對管理團隊有了進一步認識，在溝通順暢、看好企業未來發展潛力的前提下，通過受讓創始股東部分股權的方式或者增資擴股的方式，投資入股科創企業，與其他股

東一道，共擔投資風險，共享投資收益。從投資主體來看，既可以是信託公司本部，也可以是信託公司參股或控股的專業投資子公司；如果是信託公司的話，其資金既可以來源於信託資金，也可以是其自有資金。從投資後持股比例來看，信託公司大多是參股，較少控股。從投資策略來看，信託公司一般是財務投資，也有一部分屬於戰略投資，後者如前述平安信託，其投後管理工作涵蓋了項目風險控製、項目增值服務和項目流動性實現等三個方面，其中投後管理增值服務的主要方法，是協同每家投資企業制定發展戰略，搭建全面預算管理與考核標準。平安信託著眼於幫助企業解決關鍵問題，比如有些企業家更關心眼前的生意與訂單，但通過制定發展戰略，可以讓他們看得更遠；借助全面預算管理與考核製度，進而完善法人治理結構，能讓企業受戰略驅動和導向，把錢用在最需要的地方。例如，平安信託投資入股中油優藝環保後，協助梳理企業發展戰略，引領企業高管人員共同討論，達成五年內成為國內醫廢處理領域的龍頭企業的共識，明確了奮鬥目標。平安方面還通過培訓財務總監、人力資源總監等高層，協助企業構建全面預算管理，建立相應的考核機制。平安信託的所有 PE 投資企業，都逐漸建立全面預算管理模式。從投資退出方式來看，有的通過向現有股東或第三方轉讓股權實現退出；有的通過被上市公司併購後完成退出；有少數幸運的，則通過企業 IPO（Intial Public Offerings）後股份上市流通後變現退出。當然，如果投資企業經營狀況不佳，發展前景暗淡，信託公司的投資價值便會隨之貶值，面臨投資虧損甚至全部損失的風險。從投貸之間的關係看，一般是信託公司通過相對初級簡單、收益穩定但比較有限的貸款業務，獲得相對高級複雜、風險較大但也可能收益巨大的投資業務。

先投後貸，即信託公司在對一些優質的科創企業進行股權投資後，為支持企業的業務發展，為企業發放一定數量的貸款。由於科創企業在

其生命週期的種子期、初創期和成長期內，往往缺乏實物資產作為申請貸款的抵押物，信託公司為控製風險，加強和政策性擔保機構和商業性融資擔保公司合作，組合運用未上市公司股權質押、應收帳款質押、知識產權質押、訂單融資、控股股東擔保等方式，將債權融資風險降至可控範圍內。

投貸並舉，即信託公司採取「股+債」的方式，為一家科創企業同時進行股權投資並發放貸款。之所以採取這種模式，有主動和被動之分。主動的情況是，信託公司十分看好科創企業的發展，願意在給予企業債權融資的同時，參與企業的股權，形成更加緊密的戰略關係，分享企業高速增長的可觀收益；被動的情況則是，科創企業在業務發展過程中產生了較大的資金需求，但其抵質押物短缺，短期利息支付能力有所不足，信託公司對其融資支持難以完全採用債權方式，因此一部分採取股權投資方式。

投貸互轉，主要是債轉股，即信託公司對科創企業發放貸款後，當企業的成長滿足一定的條件時（如營業收入達到一定規模、研發出關鍵知識產權、市場份額占到一定比例等），信託公司可以將該筆貸款按照事先約定的價格，通過增資擴股的方式，轉為對企業的股權投資。這相當於科創企業投桃報李，為信託公司的前期信貸融資提供一份可能未來價值不菲的回報。另一種比較少見的情況是投轉貸，當科創企業的發展不盡如人意時，依據協議將原有股權投資轉讓給其創始股東，但其創始股東不用立即完成股權轉讓款的全額交付，而是將該股權轉讓款的全部或部分轉化為給創始股東的貸款，由創始股東分期歸還。

上投下貸，這是信託公司在對科創企業所屬集團進行股權投資後，對科創企業給予貸款支持，後者往往得到集團的擔保。

上貸下投，這是信託公司在為科創企業所屬集團提供貸款服務後，

獲得集團提供的投資科創企業的業務機會。

我投人貸，這主要是信託公司對科創企業進行股權投資後，將其中發展態勢符合預期設想的優秀企業推薦給自己所屬集團內的商業銀行或外部戰略合作的商業銀行，由後者給予科創企業貸款支持，促進其業務增長。

人投我貸，這主要是信託公司所在集團的投資機構或外部戰略合作的VC或PE機構對科創企業進行股權投資之後，將其中發展態勢符合預期設想的優秀企業推薦給信託公司，由信託公司為其提供貸款支持。

四、投貸聯動的能力建設和製度建設

一方面，信託公司應大力進行投資能力建設。客觀而言，信託公司擅長開展信貸類業務，但投資業務的技藝不高，因此，需要從多方面建設其投資能力。一是培養或引進具有豐富投資經驗和較高投資水平的高級人才，組建從事投資業務的專業團隊；同時，加強與黑石、凱雷、華平、紅杉、鼎暉、弘毅等國內外一流VC和PE投資機構合作，在合作中深入學習其投資方法和運作技能。二是構建包括標的企業篩選、投資項目評審和實施、投後管理、投資退出等全流程投資業務程序，確保投資業務有序開展。三是設立科學的投資評審標準，不能照搬套用貸款評審有關抵押物、現金流、財務狀況、盈利水平等要求。四是由於相對於貸款業務，投資業務期限更長，面臨的不確定性更大，直接的受保障程度更小，因此必須建立與投資文化相應的激勵約束機制、風險容忍機制，鼓勵創新，容忍一定的投資項目失敗比率。五是提高長期化、基金化、淨值化信託產品的設計能力和募集能力，通過組合投資於不同類型的科創企業，達到分散風險的效果。

另一方面，監管部門應為信託公司開展投貸聯動創造製度條件。一

是目前證券監管部門的窗口指導意見，不允許擬上市企業存在信託持股，這使對科創企業的信託投資失去一條最有價值的退出路徑，抑制了信託公司投資科創企業的積極性，呼籲盡快拆除這一藩籬，代之以更為合理的管理標準。二是依照現有的監管規則，信託公司運用自有資金投資科創企業，同時需要申請特定資格，並且投資期限被限定為五年以內。這些規定不一定符合對科創企業投資和退出的週期，壓制了信託公司在種子期、初創期投資科創企業的空間，因此也應該予以改進。三是依照現有規定，信託公司對同一科創企業開展投貸聯動時，其自有資金運用與信託資金運用之間，信託資金運用於貸款和運用於投資之間，存在著關聯交易的限制，在合規性上可能產生障礙，也需要加以改進。四是運用於股權投資的信託產品一般期限較長，流動性不足。如能在全國範圍內建立信託受益權流通市場，既有利於提高產品流動性，增強對投資者的吸引力；也有利於形成風險分擔機制，避免產品風險集中於少數特定的投資者，必能有力地促進投資類信託產品的增長。

「名股實債」業務模式中的法律風險及其防範

陳 敦[①] 王 紅[②]

內容摘要：名股實債業務模式是實踐中因應各種需求的產物，具有一定的實踐理性。名股實債業務模式中的風險主要包括監管風險、股東或債權人身分確認風險以及投（融）資退出風險等，應通過形成社會共識理解商業創新角度化解監管風險，通過交易結構設計以及回購條款設計化解身分確認及投（融）資退出風險。

關鍵詞：名股實債；信託業監管；股權回購

一、問題的提出

近期，浙江省湖州市吳興區人民法院的一份關於破產債權確認的判決書[③]（以下簡稱「破產債權確認案」）引起信託業界的關注。根據判決書披露的內容，某信託公司以股權投資形式向融資方提供融資，其中部分資金以股權轉讓款方式受讓融資方兩名股東的股權，部分資金則以資本公積金形式注入融資方。為了確保融資安全，融資方以土地使用權

---

① 陳敦：法學博士，中鐵信託有限公司博士後創新實踐基地在站博士後。
② 王紅：法學碩士，原信託公司法務，現就職於國信證券金融工程總部。
③ 具體案情請參見湖州市吳興區人民法院（2016）浙0502民初1671號民事判決書。

設定了抵押，股東以股權設定了質押，信託公司派駐了董事，參與了公司經營管理。不料，投資期間未滿，融資方被宣告破產。在信託公司向破產管理人申報債權時，遭到拒絕。信託公司提起訴訟，要求確認本案為「名股實債」，其對融資方享有債權，而非股權。法院則判決駁回信託公司的訴訟請求，理由是信託公司已是融資方的股東，其所持有的為股權，而非債權。鑒於實踐中信託公司多採用「名股實債」的業務模式向融資方提供融資，實有必要對此種業務模式中隱藏的法律風險予以辨析，以防患於未然。為此，筆者擬對近年來信託公司採取的「名股實債」業務模式予以梳理，並對其中的法律風險進行揭示，提出防範風險的建議，以供業界批評指正。

二、名股實債的含義及主要業務模式

（一）名股實債的含義

一項業務模式，總是與諸多因素相聯繫的，可以說，正是各種客觀條件促成了一種業務模式。就名股實債業務模式而言，其中涉及融資方、信託公司、監管層等多個方面。從融資方來說，融資方有資金需求，但無法獲得銀行貸款，也無法通過首次公開募股（Initial Public Offerings，簡稱 IPO）等方式從證券市場獲得融資，從而需要從信託渠道融資。通常的融資就是一種債權、債務關係。信託融資可以通過發放信託貸款來實現。但有時候信託貸款這個途徑行不通，一方面，可能融資方不符合信託貸款的條件，如房地產企業獲得信託貸款必須滿足「四三二」條件[①]，很多企業無法滿足這個條件；另一方面，信託公司以信託

---

① 2010 年 2 月 11 日，中國銀行業監督管理委員會頒布了《關於加強信託公司房地產業務監管有關問題的通知》，要求信託公司發放貸款的房地產開發項目必須符合「四二三」標準，即房地產開發項目四證（國有土地使用證、建設用地規劃許可證、建設工程規劃許可證以及建築工程施工許可證）齊全、開發商或者控股股東具備房地產開發二級資質、房地產開發項目資本金比例應達到國家最低要求的 30%。

貸款這種債權模式從事融資類業務，根據監管要求，需要占用較多的淨資本和風險資本，此模式受限於信託公司的淨資本，因此有的信託公司也不願意通過債權方式融資。2010 年 8 月，銀監會出抬《信託公司淨資本管理辦法》，明確規定信託公司淨資本風險控製的具體指標。[①] 該管理辦法的配套文件《信託公司淨資本計算標準有關事項的通知》及《信託公司風險資本調整表》進一步明確了信託公司淨資本和風險資本計算標準以及監管指標，將信託業務分為融資信託、投資信託和事務管理性信託，分別適用於不同的風險資本管理系數（參見下表）。[②] 通過這一監管政策，房地產類融資業務對於信託公司而言，同樣意味著更高的「門檻」。由此，產生了以股權投資方式進行融資的需求，也就是所謂的「名股實債」的業務模式。

各項信託業務的風險資本調整表

	單一類信託業務 （不含銀信理財合作業務）	集合類信託業務 （不含銀信理財合作業務）
投資類信託業務	0.3%～0.8%	0.5%～1.5%
融資類信託業務	房地產類融資：1% 其他融資類業務：0.8%	房地產類融資：3% 其他融資類業務：2%
事務管理性信託業務	0.3%	0.5%

所謂「名股實債」，顧名思義是有股權投資的外形，但實質為融資，即融資方的成本（投資者的收益）是鎖定的，融資方在支付成本+固定收益之外不承擔其他責任，投資者也不能作為真正的投資人分享股

---

① 根據《信託公司淨資本管理辦法》第 15、16 條，信託公司淨資本不得低於 2 億元，且不得低於各項風險資本之和，也不得低於淨資產的 40%。

② 戚雲輝. 信託創新的法律風險及其規避——以安信信託與昆山純高信託糾紛為例 [J]. 金融法苑，2013（2）.

權投資扣除成本+固定收益之外的浮動收益。由於實質是融資，故而投資者的收益是有保障的，實踐中會通過各種增信措施確保投資者的固定收益。由於採取了股權投資的形式，繞過了監管的要求，不僅可以為不滿足債權融資條件的融資方提供融資，還可以減輕信託公司的資本壓力，在信託公司資本限定的前提下擴大其業務量。這種製度安排滿足了各方的需求，從而得到市場的歡迎和追捧。

（二）名股實債的主要業務模式

經過各家信託公司的發展，名股實債主要有以下三種業務模式：

1. 信託公司體內模式一

此種模式是在信託公司體內做，即由信託公司發行信託計劃來操作。具體模式是設計一個結構化的集合信託計劃，優先向投資者募集，劣後用融資方股東（融資方通常為項目公司，因此下文也稱「項目公司」）或其他關聯方對項目公司的債權來認購，信託公司通常會對此債權進行重組以確認債權債務關係，確定新的利率及期限（以下也稱「重組債權」）。信託計劃資金通過增資或者受讓股權（因受讓股權的，股權轉讓款需先支付給項目公司股東，再由其投入到項目公司，為確保資金能進入到項目公司，通常採用增資的模式）進入到項目公司。為避免增資導致項目公司註冊資本過大，經常會將部分款項計入資本公積。在優先劣後的配比上，通常為1:1。這樣的配比會比較方便，可直接用債權利息來支付優先投資者在信託存續期間的收益，在融資方提前部分還款的情況下也不用調整利率。

「名股實債」業務模式中的法律風險及其防範 | 103

信託公司體內模式一

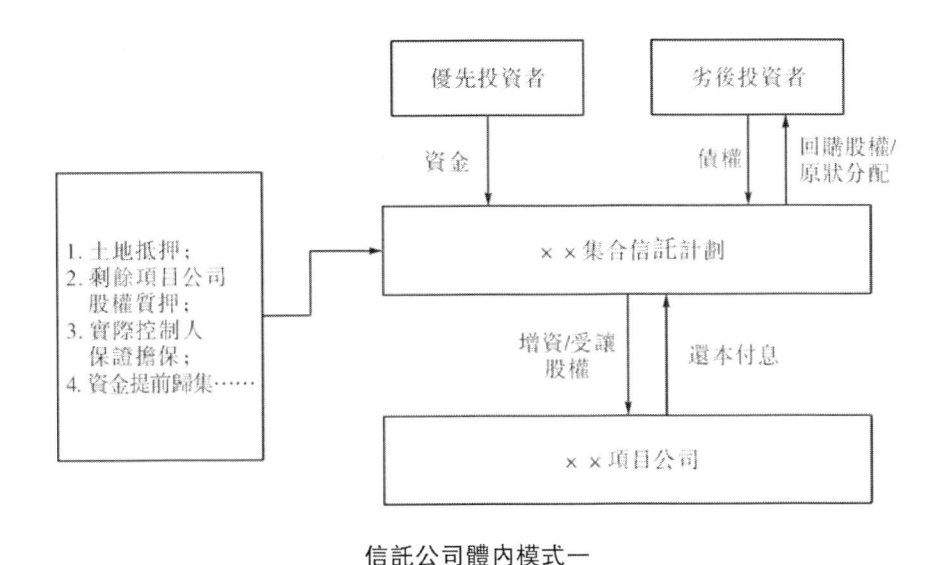

上述為最基本的模式，實際操作中還可分為優先級、中間級及劣後級，還可以根據融資方的實際資金需求分期發行。

名股實債的關鍵在於股權部分的退出安排，這決定了此類項目會被監管部門認定為融資類還是投資類，因此各家信託公司所採用的股權退出方式主要取決於當地監管機構可接受哪種退出方式。目前主要有以下三種退出方式：

（1）對賭退出——通過固定溢價回購股權鎖定成本

第一種退出方式是引入 PE 中的對賭安排，設置對賭條款，如果融資方不能滿足其中任一條，則觸發對賭，後果需以固定溢價回購信託計劃所持有的股權。如果未觸發對賭條款，則由信託計劃向項目公司其他股東或者社會第三方轉讓股權的方式退出。此時的股權轉讓價格通常按模擬清算的價格並聘請評估機構進行評估。因監管通常會將投資者享有浮動收益作為投資類的認定標準之一，因此信託合同通常還會約定在未觸發對賭的情況下，浮動收益在優先、劣後及受託人之間按一定比例分成，股權投資的屬性主要體現在這裡。雖然根據監管規定，以投資附加

固定溢價回購被界定為融資，但此種模式下是以固定溢價回購退出還是以一個合理的經評估的價格轉讓股權實現退出是不確定的，而為何設置對賭可解釋為基於項目管控和風險控製的需要，具有商業合理性。

為了鎖定融資成本，通常會設置一條或幾條必然會觸發的對賭條款，當然這些對賭條款需看上去合理，比如約定項目公司的淨利潤需達到多少，或者銷售均價需達到每平米多少錢等，這些指標相對靈活且很難證明不合理。合同中將約定觸發對賭後重組債權也將提前到期。信託計劃可通過項目公司股東以固定溢價回購股權或者重組債權的還本付息滿足優先投資者的本息回收。因為優先僅在未觸發對賭的情況下享有浮動收益，在觸發對賭的情況下，僅享有固定收益，因此在分配完優先的固定收益後，剩餘信託財產（股或者債）將原狀分配給劣後。整個信託計劃可終止清算。

（2）對賭退出——通過使股權投資無收益鎖定成本

第二種退出方式也是設置必定會觸發的對賭條款，但不同的是觸發對賭後不是按固定溢價回購股權，而是約定一個計算公式，按此公式計算出的股權回購款將低於初始投資款，因此股權無投資收益，無須向投資者分配浮動收益。優先投資者通過債權部分的還本付息收回投資本金及收益。因剩餘信託財產（即股權）將全部分配給劣後，可直接做個對沖處理，即劣後無須再履行回購義務，信託公司直接將股權原狀分配給劣後。

（3）股權直接原狀分配

第三種退出方式是直接約定股權原狀分配給劣後投資者，信託計劃通過債權部分的還本付息即可收回優先的本息，而股權則約定直接原狀分配給劣後投資者。

2. 信託公司體內模式二

這種模式是成立一個結構化集合信託計劃，優先由投資者認購，劣後由融資方股東或者關聯方以現金或債權或股權認購。信託計劃用少量資金去受讓項目公司股權，受讓價格為註冊資本×持股比例，比如信託計劃擬持股49%，則股權受讓價格為：項目公司註冊資本×49%。剩餘信託計劃資金則以股東貸款的名義發放給項目公司，因為信託公司受讓項目公司部分股權後成為項目公司股東，用信託計劃資金向項目公司發放貸款同時也屬於股東貸款，有的地方的監管認為發放股東貸款屬於股東對項目公司的投入，不單獨作為信託貸款來看。

劣後以現金或債權認購的，認購金額等於股權受讓價格，這樣可以保證發放給項目公司的信託貸款與優先資金的金額相同，使信託貸款可以覆蓋優先資金的本息。另外，根據監管規定①，結構化房地產信託計劃優先劣後之比不能超過3：1。因項目公司註冊資本通常不大，且信託計劃是用少量資金去受讓項目公司股權，所以讓劣後用一部分股權認購信託計劃可避免優先劣後之比超過3：1。

退出方面，貸款部分到期還本付息，通過債權部分即可滿足對優先投資者的分配。股權部分由融資方其他股東按評估價回購。同時根據回購價格計算股權的收益率，根據收益率分段計算信託計劃的浮動收益，將信託計劃可提取浮動收益的門檻設置得較高，同時降低信託計劃可提取的比例及計算浮動收益的基數，使得這樣計算出來的浮動收益非常小，比如幾萬元。而且這個浮動收益還要在優先、劣後、受託人之間切分且大頭通常分給劣後。這樣的成本對融資方來說幾乎可以忽略不計。

---

① 根據《關於加強信託公司房地產信託業務監管有關問題的通知》（銀監辦發〔2010〕54號文）第二條規定：「信託公司以結構化方式設計房地產集合資金信託計劃的，其優先和劣後受益權配比比例不得高於3：1。」

而超過浮動收益部分的股權受讓款則由劣後享有。而在實際分配時，可直接做個對沖，劣後只用支付差額部分，股權直接原狀分配。

3. 信託公司體外模式

此種模式不是在信託公司體內做，而是通過與信託公司有關聯關係的私募基金或者基金子公司做，即通過設立私募基金或者基金子公司專項資管計劃向融資方進行股權投資+發放委貸，或者直接是收益權附回購的模式，也或者是純委貸的模式。此種模式結構相對比較簡單。信託公司通常作為私募基金或者基金子公司聘請的投資顧問以收取報酬。同時私募基金或者基金子公司會要求信託公司向其出具投資指令/投資建議。在退出方式上，債權部分還本付息退出，若有股權，因證監會無相關限制，直接以固定溢價回購即可。

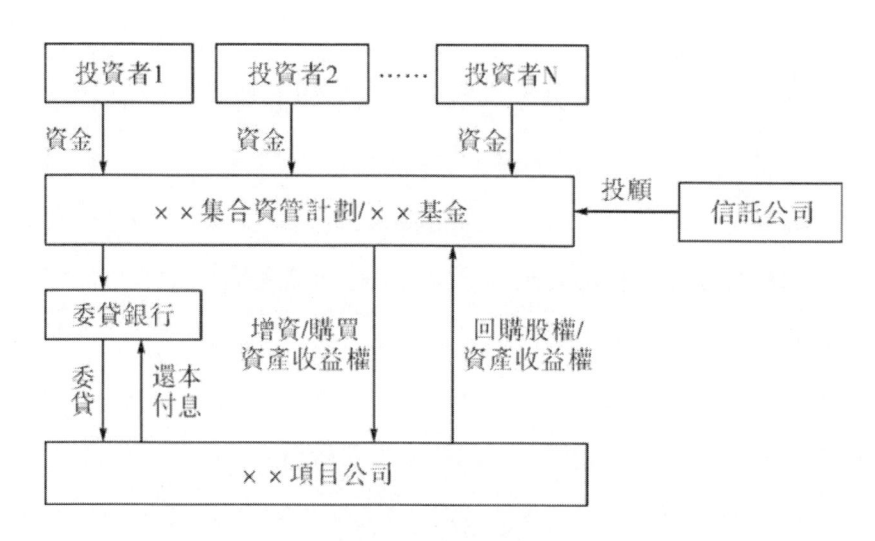

信託公司體外模式圖

三、「名股實債」業務模式中的法律風險

（一）監管風險

「名股實債」業務模式是一種規避監管的行為，其目的是希望通過

交易設計能夠被監管部門認定為投資類業務，而非融資類業務，因此，所謂監管風險就是監管機關按照「實質重於形式」的原則[1]將其認定為融資類業務。實踐中，對這種規避行為的定性或者態度，可區分司法層面與監管層面來討論。

從監管層面來說，房地產集合信託計劃需要報備，資管計劃、私募基金也需要事後報備及登記，謹慎一些的信託公司還會提前與監管溝通，雖然監管表示報備通過並不代表信託公司/基金子公司對合規性免責，但也在一定程度上代表了當地監管局對此種模式的態度。若能通過報備，信託公司後續的項目通常會採用相同的模式。

從司法層面來看，根據目前的司法案例，在監管未明確此種模式性質的前提下，司法通常迴避對此問題直接進行定性。比如安信信託訴昆山純高案。[2] 這個案例中，信託計劃並非採取「名股實債」的模式，而是以特定資產收益權作為信託財產先設立財產權信託，再將該財產權信託的受益權向合格投資者出售的類資產證券化模式。雖然並非「名股實債」模式，但以某種形式規避融資類業務的監管，卻與「名股實債」具有異曲同工之妙。由於特定資產收益權能否作為獨立的財產權利設定信託在理論上存在不同的認識，加上業界對於收益權信託是否能夠得到司法認可的擔憂，讓本案的處理頗受社會關注。法院最終認定案件的性質屬於營業信託糾紛，雙方應依財產權信託合同履行各自義務，同時，以信託貸款合同乃依附於信託合同而存在，是實現財產權信託合同目的的保障，故並不無效為由，認定抵押等擔保措施亦應有效。從該案的裁

---

[1] 銀監會發布的《關於加強信託公司房地產業務監管有關問題的通知》第6條：「各銀監局要加強對既有監管規定的執行力度，強化對房地產信託融資的監管，按照實質重於形式的原則杜絕信託公司以各種方式規避監管的行為。」

[2] 具體案情參見上海市高級人民法院（2013）滬高民五（商）終字第11號民事判決書。

判來看，法院迴避了收益權信託的性質認定，雖然最終按照財產權信託合同來處理各方權利義務與責任問題，但貸款的實質卻得到了維護，即昆山純高確實從安信信託處融資且應依約定履行還本付息義務。可以說，針對這種名實不符的法律關係，法院同樣以名實不符的技巧進行了處理，基本還原了當事人之間的真實法律關係，平衡了各方的利益。

(二) 股東或債權人身分認定的風險

名股實債業務模式中，信託公司、私募基金、基金子公司（Special Purpose Vehide，簡稱SPV）名為股東，實為債權人，其希望通過融資期間的股東身分掩蓋其融資的實質，又希望最終以債權人的身分退出融資。欲實現這一目的，需要能夠在融資期間確認其股東身分，並在退出時認定其債權人身分。然而，通過交易結構設計以及交易文件表述實現這一理想卻並非易事，由於股東身分未被確認或者債權人身分未被確認，也給信託公司帶來風險。

1. 信託公司、私募基金、基金子公司的股東身分的確認

關於信託公司、私募基金、基金子公司是否為項目公司的股東的問題，涉及上述主體能否行使股東權利、能否在回購義務方違約時處置項目公司股權，以及能否全部保留處置所得的問題。

根據《公司法》的規定及相關理論，股東可依股東名冊主張行使股東權利，未經工商登記的，不得對抗第三人。對於股東身分，對內以股東名冊記載為準，對外以工商登記為準。對外來說，登記具有公示效力，基於對交易安全的保護及節約交易成本的考慮，股東身分以工商登記為準，交易中的第三人因信賴工商登記而為之交易應受到保護。對內而言，從探究當事人真意的角度來說，項目公司、項目公司其他股東與SPV之間名為股權投資，實為債權融資。當SPV以股東身分實施參與股東會表決、派駐董事等行使「股權」的行為時，究應依其「形」而

認定其效力，還是依其「實」而否認其效力，是值得思考的。

考慮到在此類項目中，雖實為融資，但 SPV 為了增加對項目公司的管控，通常會要求保留在股東會、董事會層面對重大事項的表決權，並通過派駐董事、財務等人員，甚至控製項目公司公章或財務章等方式予以保障。這些安排實出於商業考量，只要其不違反法律法規的強制性規定，對此類交易雙方基於商業談判達成一致的意思應當予以尊重。從另一角度，在理論上以及實踐中，債權人參與公司治理亦已成為一個普遍現象，且逐漸達成共識。當然，債權關係與投資關係的本質區別仍在，因此，債權人介入的程度，尚待進一步探討。

若回購方、義務方未按約定回購 SPV 持有的股權或者未按約定清償重組債權，則構成違約。SPV 若以股東身分對外處置股權，根據上述分析，對外來說，股東身分以工商登記為準，第三人因信賴工商登記而取得股權的應受到保護。對內來說，實踐中通常會在股權回購與重組債權之間設置交叉違約條款且通常會將 SPV 有權向第三方轉讓股權作為一種違約救濟手段。從實踐的角度說，SPV 不享有扣除處置費用及清償完 SPV 本息後的剩餘部分收益。

2. 信託公司、私募基金、基金子公司的債權人身分確認

融資期限屆滿或信託公司等希望通過原有交易安排退出時，往往希望確認其債權人身分。然而，由於交易文件是以股權投資形式安排的，能否被司法機關或者仲裁機構認定為債權關係存在不確定性，這也給信託公司的投（融）資帶來了一定的風險。試以近期華南國際經濟貿易仲裁委員會（以下簡稱「華南貿仲」）「名股實債」案為例進行分析。[①]

――――――――――
① 華南貿仲「名股實債」案的相關內容來源於華南國際經濟貿易仲裁委員會微信公眾號刊登的《華南貿仲金融仲裁典型案例精選（九）：「名股實債」糾紛案例》，可以通過關注華南國際經濟貿易仲裁委員會的公眾號獲得相關資料。

A 公司與 B 公司簽訂合作協議，約定通過 B 公司發行資管計劃募集資金用於 A 公司下屬 C 項目公司地產項目的開發建設，資金進入方式為向 C 公司增資以及受讓 A 公司下屬關聯公司 D 公司對 C 公司的債權，C 公司支付資金占用期間的費用，且在期間屆滿後，A 公司或其指定第三方回購 B 公司所持有 C 公司股份，該債務由 D 公司以所持 C 公司 51%股份設定質押擔保，由 A 公司和關聯 E 公司提供連帶責任保證。合作協議簽訂後，C 公司、D 公司與 B 公司簽訂《增資協議》，B 公司通過增資取得 C 公司 49%股權；C 公司、D 公司與 B 公司簽訂《債權轉讓協議》，B 公司受讓 D 公司所持有 C 公司的債權，並支付債權轉讓款；A 公司與 B 公司簽訂《股權回購協議》，約定了投資期滿後股權回購事宜。隨後，辦理了工商變更登記，B 公司登記成為 C 公司股東。

　　由於擔心在支付資金使用成本後，B 公司不按照回購協議之約定提出股權回購帶來損失，A 公司向仲裁委提起仲裁申請，要求確認 A 公司與 B 公司之間的《合作協議》和《股權回購合同》約定的股權回購轉讓價款性質為債權，且 B 公司向 A 公司返還所持有 C 公司股權。

　　華南貿仲並未支持 A 公司的申請，其認為 B 公司通過增資協議且辦理股權變更手續已經成為 C 公司的股東，入股與退出皆屬商業範疇，只要不違反法律行政法規的強制性規定，應尊重當事人的真實意思，本案中股權融資具有一定的擔保性質，但是，具有一定的擔保性質，並不能就確認其為一種擔保措施，也不能改變該融資為股權融資的本質。此外，增資款與回購款金額的約定與認定股東身分無關，回購款與增資款在金額上相等並不能證明股東沒有承擔風險。故不存在 A 公司所謂返還股權的問題。換言之，本案裁決肯定了資管計劃投資所持有的股權系真實有效的股權，而未將其認定為債權債務關係。

　　實際上股權關係並不能掩蓋其融資之實質，且二者之間仍然存在難

以割離的關係。這正是 A 公司提起申請的背後原因，即如果其已依約支付了資金占用成本，而 B 公司卻不提出回購股份申請，且主張行使股東權利，甚至處分 C 公司股權等，則 A 公司如何應對？正是考慮到此點，裁決書指出：「在申請人（即 A 公司）按照相關協議全面準確履行義務完畢以後，按照公平原則和相關協議約定，被申請人（即 B 公司）應當要求申請人履行收購案爭股份（即 B 公司所持 C 公司股份）的義務。」此舉乃從本案雙方關係的實質出發，給融資方 A 公司一顆定心丸。換言之，如果 B 公司屆時不申請股份回購，即屬違反公平原則也違背相關協議約定之舉，則 A 公司再次申請仲裁必獲支持。

然而，在「破產債權確認案」中，法院完全沒有認定信託公司的債權人身分，而是根據外觀主義原則，認定信託公司乃融資方的股東，駁回了其確認債權和抵押權的訴請。其主要理由是：本案處理結果涉及融資方公司諸多債權人的利益，應採外觀主義原則來認定當事人之間的真實意思表示。法院認為如果信託公司本意是向融資方出借款項，雙方完全可以達成借款合同，並設置相關擔保措施。如果融資方不能進行信託融資，則應依照規定停止融資行為。信託公司作為一個有資質的信託投資機構，應對此所產生的法律後果有清晰的認識，並因此否定債權安排之實質。本案判決給我們的提示是，對於「心知肚明」的規避監管的交易模式所隱藏的風險，值得信託業及其他資管產品的關注與重視。

3. 作為股東可能承擔的額外風險

在法律層面，公司股東與公司的人格獨立，財產亦獨立，公司以其自身的財產對公司債務承擔責任，股東僅以其出資額為限對公司債務承擔責任。但在實踐中，因信託公司通常為實力雄厚的國企，在項目公司出現拖欠工程款、收取了預售款而未按時交房以及在信託公司處置項目公司財產時，易被債權人當作金主要求解決項目公司的債務。雖然在法

律上，作為股東的信託公司如果已經按照約定實際繳付了出資，除非構成法人格否認而追索股東個人責任，股東不再對公司債務承擔責任。但在遇到一些特殊的債權人時，如保障房的購房人等，則可能被從輿論角度追索，甚至轉向法律責任追索，形成信託公司作為項目公司股東的特別風險，這些特殊情況都值得注意。

(三) 投 (融) 資退出風險

當信託公司投 (融) 資期間屆滿，希望能夠通過事先安排退出時，可能涉及股權回購或者股權原狀分配的風險。

1. 股權回購風險

根據第二部分列舉的業務模式，通常會設置股權回購安排。股權回購風險主要表現為以固定溢價回購股權是否違反股東收益共享、風險共擔的公司法原則，是否構成以合法形式掩蓋非法目的的避法行為，是否涉嫌承諾保底的問題。

根據公司法的規定，股東出資後不得抽回出資，其意在維持公司資本以維護公司運行以及保護債權人利益，但並不限制股東退出公司經營以規避投資風險。恰如華南貿仲裁決書所言，入股與退出均屬商業範疇。在公司資本得以維持的前提下，提前安排股東退出並不違反股東收益共享、風險共擔的原則。

另外，項目公司、項目公司其他股東與 SPV 均明確知悉實為債權融資，以固定溢價回購股權以鎖定融資成本也是各方的本意。名股實債以股為名以債為實，雖有形、實不符的問題，但即便依據「實質重於形式」的原則來認定雙方之間的關係，也無法得出必然為「非法目的」的結論，因為形成債權債務關係本身並不必然導致違反法律法規的強制性規定。這個問題取決於第一個問題中監管與司法對「名股實債」這種規避監管的態度。

對於以固定溢價回購股權是否構成保底的問題，主要認為違反了最高人民法院於1990年發布的《關於審理聯營合同糾紛案件若干問題的解答》。對這個問題，從以下幾個角度分析：

第一，對公司進行股權投資顯然不屬於《民法通則》規定的聯營，故而不應受該條的規制。

第二，對於回購的主體是公司還是公司的股東，司法態度上有所區別。如果由公司回購，會減少項目公司的資本及財產，可能存在損害公司以及公司債權人利益的問題；如果由項目公司另一方股東回購，則並未損害項目公司和公司債權人的利益。典型的案例是PE對賭第一案「甘肅世恒與海富公司增資糾紛案」。本案中，最高人民法院認為一方股東對於另一方股東的補償承諾並不損害公司及公司債權人的利益，不違反法律法規的禁止性規定，是當事人的真實意思表示，是有效的。前述「名股實債」模式中，就有借鑑了PE對賭的安排。參考上述案例，雖然在「名股實債」中對賭被觸發的可能性很大，但畢竟合同約定了不被觸發情形下的處理，而對賭的安排又有商業安排的考量，因此將其直接歸入保底條款理由並不充分。另外，在上述案例中，最高人民法院更多關注的是回購的主體是項目公司還是另一方股東，另一方股東回購並不會減少項目公司的資本及財產，並不會損害項目公司債權人利益。

第三，如果按照實質來認定此類關係，也並不必然無效。信託公司有放貸的資格，融資方有融資的權利。雖然對監管政策有所規避，但此種業務模式是否有效又回到了第一個問題中監管與司法對名股實債這種規避監管行為的態度。私募基金和基金子公司雖無放貸的資格，但同理，通過購買收益權附回購這種繞法或者避法模式是否有效亦取決於監管與司法對此行為的態度。

值得注意的是，如果回購方為國企，根據《企業國有資產評估管理

暫行辦法》的規定，國有企業收購非國有單位的資產，應當對相關資產進行評估。回購方作為國有企業，屆時如回購信託公司作為信託計劃受託人（一般視為非國有單位）持有的股權，相關國資管理部門可能會要求對信託公司持有的股權進行資產評估。如評估價值低於約定的回購價格，則可能需要國資主管部門的批准才能以約定的回購價格進行回購，不排除只能以實際評估價格進行回購的可能。在回購方是國企的情況下，通常會約定由該國企或其指定的第三方進行回購，再由這家國企對第三方的回購義務提供連帶責任保證擔保。另外，若項目公司為國企，採用增資形式進入項目公司的，還需要履行評估、批准、備案等一系列程序。

2. 股權原狀分配的風險

根據第二部分列舉的業務模式，可能會出現股權原狀分配的情形。股權原狀分配需要到工商部門辦理股權過戶登記，在實踐中，工商部門通常按股權轉讓來處理，要求提供股權轉讓合同，有的工商部門還要求要有對價且對價要合理。這也是目前信託財產登記製度的缺失所帶來的問題。若當地工商有此要求，為了成功辦理過戶，信託公司和劣後投資者只能按工商要求簽一個股權轉讓協議用於辦理股權過戶登記，再另簽一個合同約定股權轉讓對價無須實際支付。

四、名股實債業務模式中法律風險的防範

（一）從社會共識視角化解監管風險

名股實債業務模式究竟應認定為一種規避監管的行為，抑或是一種創新的商業模式，不僅值得探究，更有必要形成社會共識，以化解其可能面對的監管風險。由於實踐中，司法機關通常恪守「行政與司法分立」原則，不對監管機關默許的規避行為的效力做出評價，但也並不絕對，有時候司法機關也會對規避行為進行重新定性，甚至直接以合法形

式掩蓋非法目的為由認定其無效。① 一般認為，司法製度也是監管製度之組成部分，甚至是監管製度最後的守護環節，司法的沉默將使監管效果大大減弱，因此，對於確實規避監管製度的行為，司法應當予以規制。正因如此，才能在監管與規避之間尋求一種內在的平衡。這對理論研究提出的課題是確立司法介入的界限及程度，對於實務操作的提示則是謹慎採取規避行為，以免引發監管風險。

我們認為，理解實踐中名股實債業務模式應當準確把握信託業發展與監管的關係。信託業的發展有賴於兩個方面：一是信託經營規則的完備，也可以稱之為信託私法的完善；二是信託業經營業務的監管，也可以稱之為信託公法的有效運行。雖然二者不可偏廢，但私法的發達才是行業發展的根本所在。因此，監管應當恪守其適當的邊界。對於沒有明確監管製度禁止的業務模式創新，應當寬容以待，認可其創新的價值。準此以言，除非涉及更高價值的保護，對於雖規避監管但並不違反法律法規強制性規定的做法應當予以認可；如果監管製度的設置是為了維護社會公共利益，則監管應顯示更強的效力，司法亦應果斷出手，維護監管的效果。

(二) 從交易結構設計上防範風險

從前文的分析中可以看出，名股實債交易模式存在被認定為股權而債權不能得到認可的風險。為避免債權落空，在交易結構設計上信託公司通常會採取結構化的模式，要求融資方股東或其他關聯方用對項目公司的債權（因信託公司取得該債權後會通常會進行重組，因此也稱為「重組債權」）來認購信託計劃的劣後級份額（詳見第二部分對業務模式的介紹），而向投資者募集的優先資金將用於受讓股權或者增資，且優先資金

---

① 王軍. 法律規避行為及其裁判方法 [J]. 中外法學，2015 (3).

與重組債權的比例通常為1：1。對於信託計劃來說，信託財產為對項目公司的股權和重組債權，且股權與債權金額相等。即使司法機關將股權部分認定為真股權並否認債權融資的本質，信託計劃尚可通過項目公司對重組債權的還本付息實現優先投資者的退出，相關的擔保增信措施也可以此重組債權為主債權。在第二部分「信託公司體內模式二」的交易結構中，雖無重組債權，但信託計劃僅用少量資金進行股權投資，大量資金是以債權的形式進入到項目公司，債權部分即可滿足優先投資者的本金及收益分配。在上述的交易結構中，除股權外，信託計劃均持有一筆明確的債權，且通過該筆債權的還本付息可以實現優先投資者的退出。在信託計劃持有債權的情況下，項目公司破產的，信託公司可以直接作為債權人申報債權。這樣的交易結構用一筆對項目公司的債權化解了名股實債債權屬性不被認可的風險。在這種交易結構中，融資方股東或關聯方享有的、用來認購信託計劃劣後級份額的對項目公司的債權的真實性、合法性就非常重要，需要做好債權真實性、合法性的核查。

（三）從回購條款的設計上防範風險

在名股實債交易模式中，為鎖定融資成本，股權部分通常通過回購退出（因銀監會明文規定股權投資附固定溢價回購為融資，信託公司的名股實債通常會對回購設置一些特殊安排，如果是證監會監管的產品則可以直接以股權投資附固定溢價回購，具體詳見第二部分對業務模式的介紹），通常會約定在融資期限屆滿時或者出現某些情形時由項目公司股東或者第三方回購。但在實踐中，通常並未將項目公司破產作為觸發回購義務的情形之一。根據《中華人民共和國破產法》的規定，若企業破產，該企業未到期的債權將被視為已到期，但這僅針對破產企業的債權，不包括破產企業股東的債權。也就是說，項目公司破產的，若未觸發回購條款，項目公司的股東或其他回購方並無回購義務，因此信託

公司不能要求回購方履行回購義務。待到回購條款被觸發時，項目公司可能已經破產，此時股權可能已不復存在，回購將因回購標的滅失而無法履行。出現履行不能時，回購義務方是否須承擔損害賠償責任取決於回購義務方對於履行不能的發生是否有過錯。《中華人民共和國合同法》採取「嚴格責任」原則，僅將不可抗力作為法定免責事由。如果項目公司破產不屬於法定及協議約定的免責事由，則可要求回購義務方承擔損害賠償責任。

若將項目公司進入破產程序或者償債能力出現問題作為觸發回購義務的情形之一，因破產流程需要一定時間，這裡可能存在一個時間差，即觸發回購義務時，項目公司尚未完成破產程序，標的股權尚未滅失，但存在滅失的風險，此種情況下要求回購義務方履行回購義務，存在回購義務方以情勢變更為由進行抗辯的風險。

綜上，在項目公司出現破產的情況下，要求回購義務方履行回購義務亦存在一定的風險，因此在交易結構的設計上，僅有回購安排不能完全化解名股實債業務中債權屬性不被認可的風險的。

五、結語

名股實債的業務模式本就是在監管的灰色地帶謀取利益的商業設計，對這種業務模式的認定不僅涉及監管層面的態度，也涉及司法層面的態度。從監管層面而言，對於信託公司開展的此類業務模式，是將其認定為融資類業務，抑或投資類業務，關係到信託公司淨資本管理是否違反監管規定的問題；從司法層面而言，如何認定信託公司與融資方之間法律關係，是依其實而認定為債權關係，抑或依其形而認定為股權關係，亦對當事人的權利義務產生影響。在業務創新過程中，唯有清晰識別相關的風險並採取相應的風險防範措施，方能爭取主動，贏得未來。

信託客戶風險承受能力透視
——基於客戶調查問卷

劉發躍[①]

分析顯示，信託投資者的風險偏好趨於積極，投資者對浮動收益產品的興趣有所增加，相比之下，推出的浮動收益類信託產品仍顯不足。因此建立投資者適當性製度，通過產品分類和投資者分類，實現「合適的產品賣給適當的投資者」恰逢其時。

引言

信託產品一直以低風險、高收益的固定收益類產品受到穩健投資者的歡迎。同時，隨著財富管理市場的繁榮和信託業的轉型，一些浮動收益類產品也逐漸推出。浮動收益類主要有兩種。一種是證券投資產品，收益率隨市場波動，但是有平倉線等安全措施；另一種是具有主動管理能力的股權或股加債型信託業務，主要集中在房地產領域。從收益率波動程度來看，第一種的風險要稍大於第二種。整體來看，浮動收益信託產品的風險比同業的類似產品要低。

由於信託產品的隱形剛性兌付特性，普遍認為信託投資者整體上投

---

① 劉發躍，中鐵信託博士後創新實踐基地在站博士後。該文發表於《當代金融家》2016 年第 11 期，內容略有修改。

資風格比較保守,那麼實際情況如何呢?目前固定收益類信託產品占絕對比例,是因為信託投資者只追求固定收益,還是只因為沒有合適的浮動收益產品可供選擇呢?筆者利用幾家信託公司投資者調查問卷結合其他機構發布的報告,分析信託投資者的風險承受能力情況,從而揭示一些答案。

一、調查概況

目前金融行業對合格投資者的判定通常是讓客戶填寫調查問卷,以識別客戶的個體特徵。這些特徵在一定程度上也反應了投資者的風險承受能力,因此筆者從中抽取相關題目來分析投資者的風險承受能力。

問卷概況。問卷總數為505份。為了解投資者風險偏好在時間上的變化,分兩次發放問卷。第一次為2013年第二季度,共186份問卷。第二次為2015年第三季度,共319份問卷。選擇這兩個時間點的依據是:樣本期內信託業在行業發展速度上經歷了從高速增長到轉型期平穩發展;在業務類型上從房地產信託一家獨大到風光不再;在產品類型上,從固定收益占絕對份額到浮動收益產品嶄露頭角。無疑,產品類型的變化伴隨著客戶投資風格的調整。因此,本次調查選擇這兩個時間點以進行不同發展環境下的比較。

儘管本次調查樣本只有幾家信託公司的505位客戶,但是分析仍然具有典型性和代表性。原因在於:第一,數據分析時比照了權威分析報告。2016年興業銀行與波士頓諮詢公司(The Boston Consulting Group,簡稱BCG)聯合發布的《中國私人銀行2016:逆勢增長,全球配置》(簡稱BCG報告)。由於該報告樣本量大,知名度較高,同時在部分選題上與本次調查有一定重合。因此本次調查在部分選題上將與其進行對比,以驗證調查的可信度,同時也便於比較信託投資者和整體高淨值人

士。第二，信託公司產品客戶的同質性。由於各家信託公司都以100萬或300萬起的固定收益產品為主，客戶類型比較單一。因此分析行業內幾家公司的500多名客戶數據依然具有典型性，同時隨機抽取的505個樣本點在統計學上也符合大樣本定律。第三，兩個時間點的比較。如果數據可信，那麼在兩個較短時間點上的分析結論應該有差異，但不明顯。從而既可以反應趨勢上的變化，也保持了結論的連貫性和一致性。

二、風險承受能力的主要維度

投資者風險承受能力主要包括三個維度：

第一個維度是風險的認知度。風險的認知度就是投資者對投資品的風險瞭解程度。既包括對產品的認知程度，也受教育水平、投資經驗等的影響。主要衡量指標包括對投資產品的瞭解程度、投資經驗等。

第二個維度是風險偏好。風險偏好是決定客戶風險承受能力的關鍵因素。風險偏好是一種主觀意願，反應了個人對待風險的態度。通常受個人性格特徵直接的影響，同時還與後天心理特徵和生活環境有關，因此在不同時期也可能變化。客戶的風險偏好通常分為風險厭惡、風險中性和風險愛好。由於風險偏好比較主觀，除了詢問客戶風險偏好外，通常還通過年齡、投資目等其他指標側面瞭解。

第三個維度是安全邊際。是指一個人在保證自己正常生活後，可以用來承受虧損的財富比率。這個維度說明了客觀層面上一個人能承擔的損失的大小。它與投資者的收入、年齡、職業等客觀因素有關。在實際調查中，客戶出於隱私考慮，通常不會告訴真實的收入。因此，投資比例、年齡等通常作為主要衡量指標。

三、信託投資者風險承受能力的特點

信託產品是高淨值人士的主要資產配置領域之一，信託投資者也是

高淨值人士的一部分。由於信託產品的固定收益特徵，信託投資者也具有一些獨特性。由於本次調查樣本代表了信託投資者，而 BCG 報告的調查結論代表了整體高淨值人士。因此，通過比較兩次調查結論，可以在整個高淨值人士的版圖下分析信託投資者的風險承受能力。

（一）投資者年齡

總體上，越年輕的投資者風險承受能力更強。青年期通常能承擔較高的投資風險，中年期雖然累積了一定財富，但是財務負擔會相應增加，因此風險承受能力略低。老年人是高淨值人士的主要構成，風險控製是他們的主要考慮，因此比較保守。

信託投資者的年齡普遍高於整體高淨值人群，原因是老年人客戶的投資風格比較保守。從調查結果看，信託投資者中年齡為 60 歲以上的占比最高，為 37%，而 BCG 報告中此項比重僅為 11%。相反，在 BCG 報告中 40~50 歲區間占比最高，達到 37%。而信託投資者此項占比僅為 25%。信託投資者年齡偏大，證實了這樣一個事實：由於信託產品為低風險的固定收益產品，因此信託產品投資者整體的風險偏好較低。由於老年人的整體投資策略更為保守，因此，信託投資者年齡偏大一些。

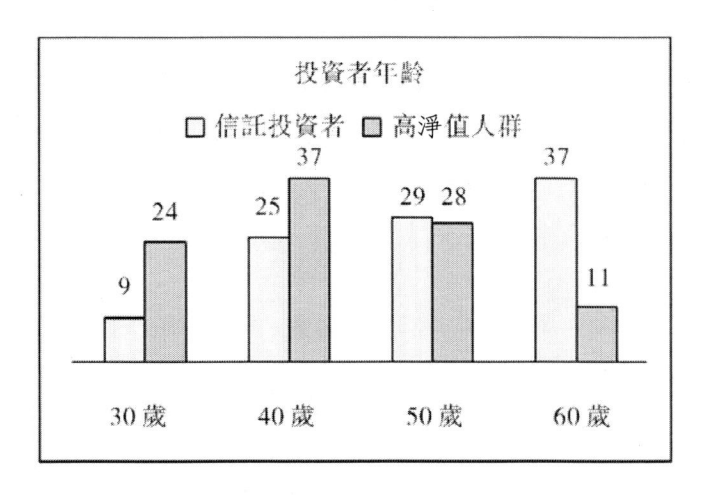

投資者年齡	信託投資者	高淨值人群
30 歲	9	24
40 歲	25	37
50 歲	29	28
60 歲	37	11

高淨值客戶和信託投資者年齡比較圖

（二）產品類型選擇

這個選項通過發掘客戶的潛在需求來判定客戶的風險承受能力。由於信託產品以固定收益為主，投資者也只能購買固定收益產品。但是不能就此認為信託產品投資者都是風險保守的，通過這個選項可以瞭解客戶是否有購買浮動收益產品的需求。

從信託投資者的風險承受能力來看，比例最高的是保本浮動收益，占比56%，其次是只能承受固定收益的客戶占比31%，願意承受本金損失的合計占比13%。可見，儘管信託公司目前的產品絕大部分均為固定收益產品，但是並不意味著客戶只接受固定收益產品。大多數客戶能接受保本浮動收益產品。實際上，私人投資者通常除了購買信託產品外，根據市場環境也會購買股票、貴金屬、基金，甚至房產等投資品。由於信託投資者並非想像的那麼風險保守，因此投資者教育的重點應該是改變他們對於信託產品就是固定收益的印象。

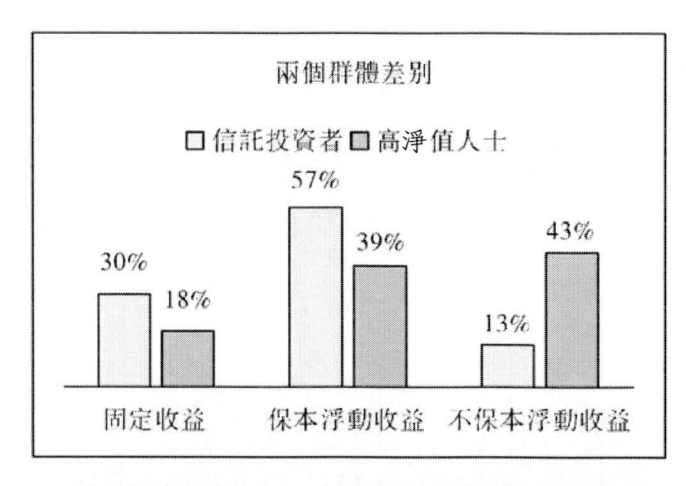

信託投資者和高淨值人士在產品類型偏好上的差異圖

兩項調查的比較。作為高淨值人士的一部分，信託投資者的風險偏好低於高淨值人士。僅有18%的高淨值人選擇固定收益，比例最低。而30%的信託投資者選擇該項，排第二位。結合上面的高淨值人士資產配

置比例，股權投資產品在近幾年增長迅猛。股票、基金、離岸資產等風險較高的產品在近幾年占比有所擴大，這表明投資者風險承受能力在提高。由於信託產品以固定收益為主，因此整體趨於保守並不意外。

(三) 產品收益率

產品收益既說明了對產品及風險的認知程度，也說明了客戶的風險偏好。

近八成客戶認為信託公司的產品收益率適中，還有15%的客戶認為較低，說明信託公司穩健經營的風格一直受到客戶認可。由於信託公司通常品牌知名度高，兌付率高，因此在客戶心中認可度很高。在目前的低收益率下，客戶對信託公司收益率依然認可，信託產品供不應求，說明收益率依然存在下調空間，從而借此降低資金成本，為增加項目選擇騰挪空間。

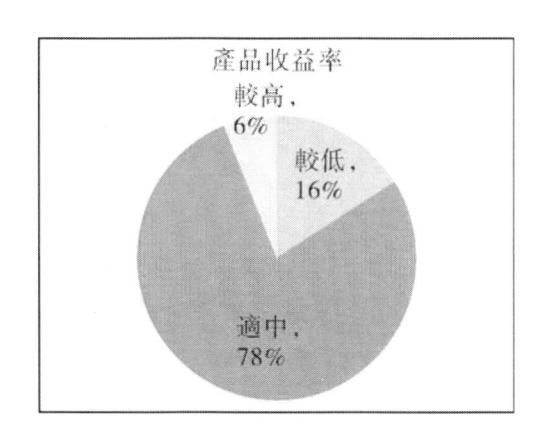

投資者對信託產品收益率的評價圖

(四) 產品期限

產品期限可以從兩個方面影響風險承受能力，整體上願意接受的產品期限越長，風險承受能力就越強。一方面，投資期限越長，不確定性就越大，對於客戶的風險承受能力要求就越高。對於開放期有限的產

品，還會出現封閉期內產品出現風險時難以贖回的情況；另一方面，產品期限與可供運用的時間密切相關。對於短期內需要使用的資金就要有較高的流動性和安全性。因此期限越短，對風險承受能力的要求就越低。

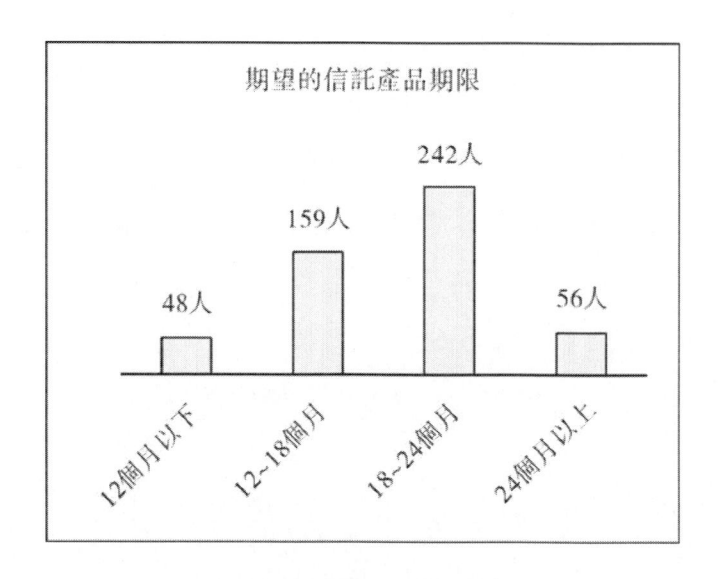

```
期望的信託產品期限

              242人
       159人
              
48人                  56人

12個月以下  12~18個月  18~24個月  24個月以上
```

期望的信託產品期限圖

　　從信託產品的投資期限來看，50%的客戶願意選擇 18~24 個月，這與目前信託產品通行的產品期限相吻合。同時，約 30%的客戶選擇 12~18 個月，說明 1 年期信託產品也受到客戶青睞。1 年以下和 2 年以上的選項都比較少。綜合來看，客戶對信託產品的期限選擇多在 1 年到 2 年期間，說明客戶還是希望產品具有一定的流動性。信託公司應該考慮發行期限較短、收益率略低的產品，這樣也有助於降低資金成本。

　　(五) 投資經驗

　　投資經驗越豐富的投資者，對於投資理財的風險已有充分瞭解，更有利於投資決策，因此風險承受能力更高。

　　從投資經驗來看，近 3/4 的信託投資者的投資經驗都在 2 年以上，

其中1/3的投資者風險投資品經驗為2~5年期，同時還有近1/4的客戶在8年以上。從前文的分析已得知信託投資者年齡大部分為中老年人，因此，投資經驗高於2年並不意外。由於股票、基金等投資品種的投資者教育比較完善，因此客戶對於浮動收益產品的風險已有所瞭解，也具備了一定的風險承受能力。

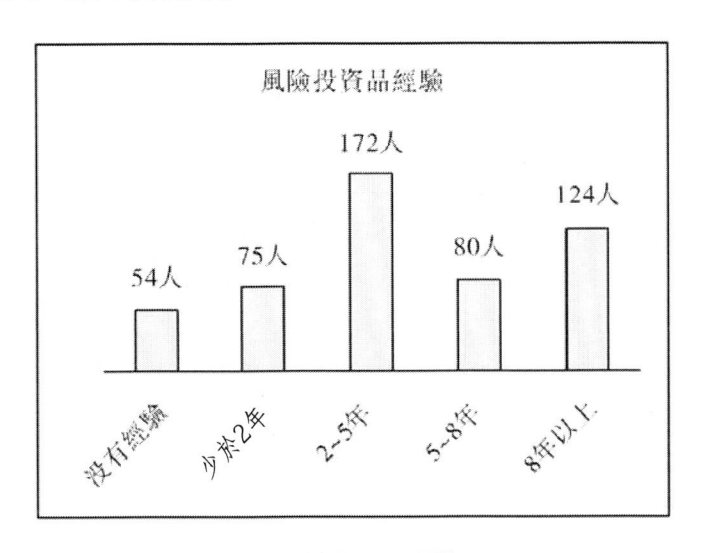

風險投資品經驗圖

四、風險承受能力在時間上的變化

從2013年到2015年的樣本期間內，信託行業的內外部環境發生了巨大的變化。從外部環境看，經濟增速放緩，逐步進入新常態，而高淨值人群和財富管理市場依然高速增長。從內部行業發展看，隨著房地產行業高增長期的結束，信託行業也步入了轉型發展期。在產品收益率逐步下行的同時，信託業主動管理能力提高，浮動收益產品開始出現。通過比較分析兩個時期的客戶數據，既可以檢驗兩次客戶數據是否一致，也可以觀察兩年間客戶特徵的變化。

（一）客戶的風險偏好趨於積極

在下圖可以發現，從 2013—2015 年，四種風險類型的排序沒有變化，從高到低依次為保本浮動收益、保本固定收益、有限本金損失和較大本金損失，說明客戶群體和偏好基本穩定。同時在絕對數值上，保本浮動收益有較大增加，保本固定收益有所下降，說明客戶的風險偏好趨於積極。這個結論與 BCG 報告一致。由於資本市場發展等多方原因，風險偏好由保守向可接受部分中高等風險轉變。

風險偏好的轉變，要求公司的產品順應客戶風險偏好的遷移，積極發展浮動收益產品，以滿足客戶的資產配置需求。

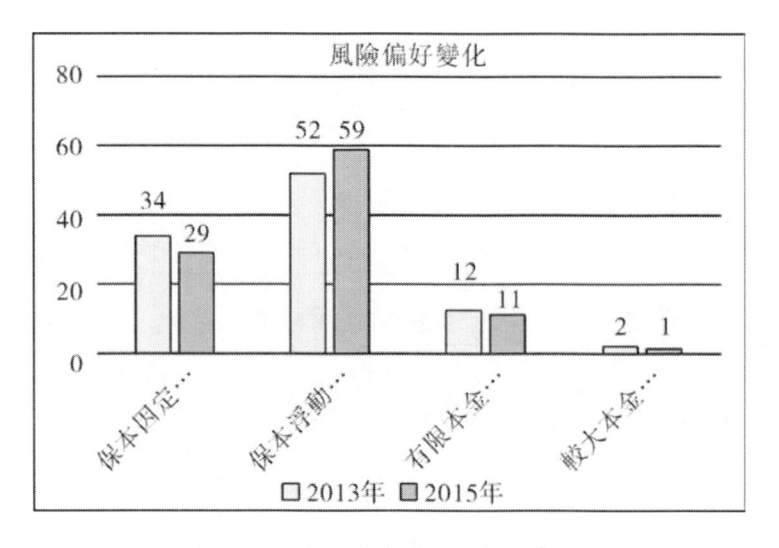

2013—2015 年投資者的風險偏好變化圖

（二）風險品投資比例

理財產品在家庭流動資產中的比例由安全邊際決定。安全邊際高的投資者，對於投資虧損引起的損失承擔能力較強，從而可以投資較高比例的風險品。

從 2014—2015 年不同金融產品所占比例圖可以發現，高淨值人士的資產配置日益多元化。隨著利率市場化的逐步推進和居民投資理財意

識的增強，銀行儲蓄占比持續下滑，其他金融資產都受惠於存款搬家，有不同程度的增長。銀行理財產品占比逐漸提高，接近兩成。股票資產也逐步增加，但是由於 2015 年的股市異動，配置比例將有所下調。信託產品由於高門檻、高收益、低風險等原因受到高淨值人士的歡迎。目前市場收益率持續走低，在資本市場低迷的背景下，信託產品占比也略有增加，占比處於第五位。私募股權投資成倍增長，但比例不到 1%。

總體來看，居民的風險偏好趨於積極，表現為銀行存款搬家，資產配置日益多元化，股權投資正在興起。

隨著高淨值人群投資偏好的逐步調整，投資者的風險承受能力有所提高，信託產品投資者對浮動收益產品的接受程度也在提高。信託公司應該適時發展資本市場、股權投資等浮動收益類產品，這樣既有利於滿足投資者的理財需求，也有利於信託行業打破剛性兌付、輕裝上陣，實施行業轉型。

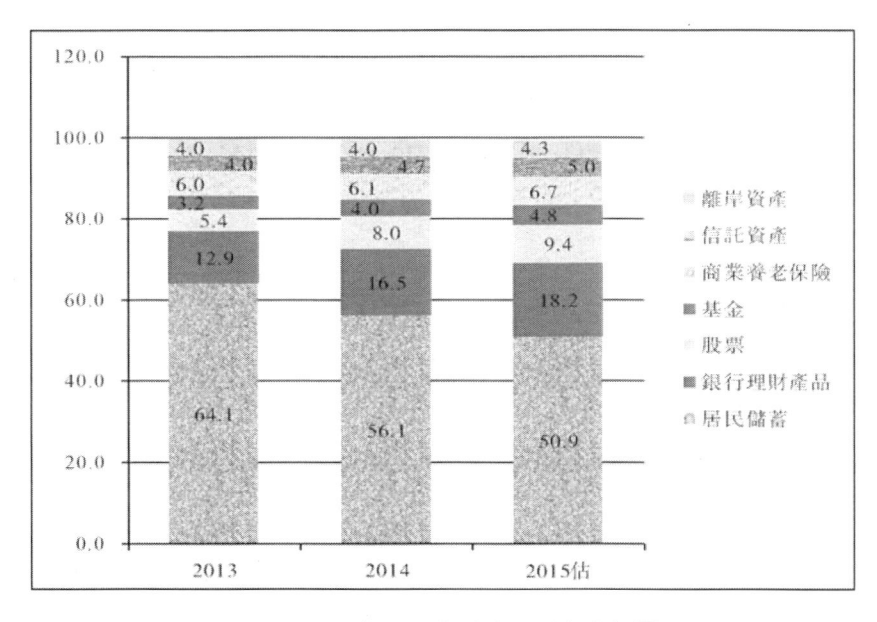

2014—2015 年不同金融產品所占比例圖

來源：BCG 報告

說明：私募股權投資和債券歷年占比均低於 0.5%，且變動不大，故未在圖中標示。

(三) 產品收益率水平

客戶對信託產品收益率的評價三個選項的相對排序在兩年間並沒有變化。相當大部分的客戶認為公司的收益率水平適中，各期占比均在70%以上。認為收益率較低的占比從9%增加到19%，認為收益率較低的客戶有明顯增加。主要原因是整個信託業產品的收益率近幾年明顯走低，從10%左右下降到目前的7%左右。

客戶風險偏好趨於積極也反應在對收益率水平預期的提高，從2013—2015年，認為收益率較低的占比增加11個百分點，認為收益率適中或較高的客戶占比都下降5個百分點至6個百分點。認為收益率較低的客戶比例增加的背景環境則是市場整體收益率水平的一路走低，從昔日的10%~12%下降到目前的6%~7%。

從三個選項間的相對變化來看，認為收益率適中的仍然占相當大部分，遠遠領先於其他兩個選項。在目前資產荒的情況下，股市在經過了2015年的異動後重新進入低迷期，信託以較高收益和低風險再度受到高淨值人群的歡迎，在財富管理市場中，信託產品的認可度一直較高。

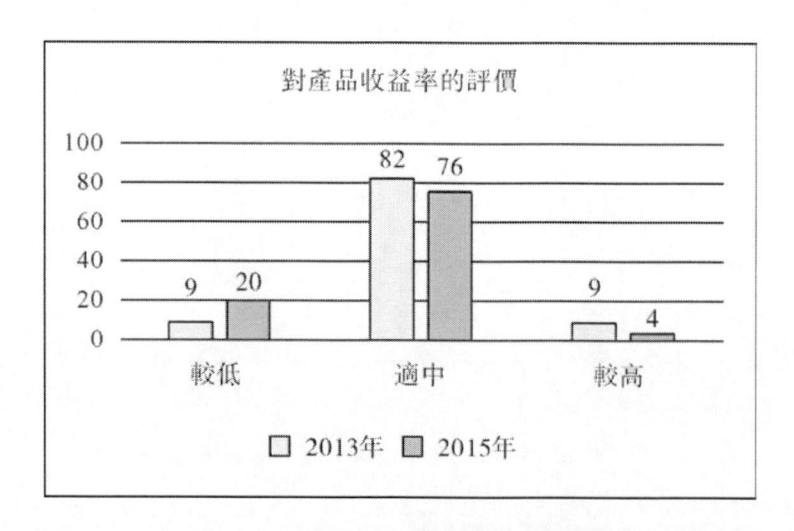

對產品收益率的評價

	較低	適中	較高
2013年	9	82	9
2015年	20	76	4

2013—2015 年客戶對產品收益率的評價圖

五、結論及建議

從上面的分析來看，無論是整個高淨值人群，還是信託投資者，都有一定比例的投資者願意接受浮動收益產品。只是目前信託公司只提供固定收益產品，因此給客戶形成了信託產品保本、保收益的概念。為了與投資者的風險承受能力相匹配，提出以下建議：

第一，需要注意信託投資者的獨特性。由於信託產品門檻高的特點，在測試信託客戶風險承受能力時，在經濟實力、投資經驗等方面，需要將其與證券、公募基金等門檻較低的客戶進行區分。同時，由於信託產品期限相對固定、收益變動小等特點，形成了投資者整體年齡偏大、風險偏好較低等特徵。因此，在選項設計時要充分考慮這些獨特性，以有效分類。不能按照通常的高、中、低三個等級劃分，而是分類點下沉，主要在低風險和中等風險之間進行準確的劃分，從而對應固定收益產品和保本浮動收益產品。對於不保本的浮動收益產品，尚待信託的資產配置能力進一步提升。

第二，完善相關製度及規定。近期內，修訂和健全相關法規，完善投資者適當性的相關規定，以保護投資者為原則。首先是行業內建立統一的投資者分類製度，其次是行業內建立統一的信託產品分類製度，最後是進一步規範營銷方式，提高產品與投資者二者之間的匹配度。遠期內，隨著未來金融統一監管模式的逐步建立，投資者適當性也應有一個統一的管理製度，將證券、基金、金融衍生品和信託等金融工具都納入這個管理製度。

第三，信託公司自身積極加快投資者分類體系。投資者分類體系包括多方面內容：①分類體系主要流程，如建立分類的指標、分類的標準、問卷的編制、問卷填寫（客戶信息採集），按照信息對客戶進行分

類。②相應的信息系統保障，如數據錄入，客戶數據庫的更新，問卷有效性，如何避免多填漏填等。③匹配產品分類體系。投資者分類的目標是實現與產品的匹配，對於信託產品也需要按風險承受能力分類，然後對於不同風險等級的客戶選擇相應的產品。

　　第四，完善激勵機制，豐富信託產品類型。實施客戶分類需要有相應的產品予以適配。而豐富產品種類，積極發展浮動收益類產品需要信託公司完善激勵機制，走出「先有雞還是先有蛋」的困境。產品設計部門擔心浮動收益產品設計出來後，營銷推介力度不大，導致產品難以成立。而創新業務本身流程複雜，付出精力多，因此寧願做傳統上短平快的固定收益產品。營銷部門向客戶推介浮動收益產品需要打消客戶的疑慮，並且由於產品的複雜性，需要花更大的精力和耐心。如果在考核上不做傾斜，就沒有員工積極地推介浮動收益產品，因此，相應的激勵機制要同步跟進。無論是部門層面，還是員工層面，相應的激勵機制、人員考核和利潤分配機制都要同時跟上。

　　第五，與打破剛性兌付相結合。剛性兌付已成為一把雙刃劍，一方面成為信託公司吸引投資者的亮點，另一方面成為信託公司展業的一大障礙。尤其在經濟低迷期，今天的一個項目，明天就有可能成為風險項目。通過測試投資者風險承受能力並對其進行分類，可以識別不同風險等級的客戶，然後在對產品分類的基礎上，進行準確度更高的匹配。不同風險的產品和客戶間的適配，既可以讓客戶意識到信託不僅是固收類產品，也有利於打破行業的剛性兌付。

　　中國信託業的發展歷程證明了信託具有內在的創新基因，走出目前的困境需要通過不斷創新和勇於實踐。傳統融資類業務難言頹勢，浮動收益類產品前景廣闊。私募投行、財富管理、資產管理三大方向已經明確，各家公司的具體方向則依賴於自身實力。通過差異化、專業化，信託業必將迎來再一次新的發展。

年報分析篇

信託公司證券業務發展研究報告
(2015—2016)

朱曉林[①]

一、信託公司證券業務發展概況

在傳統信託業務承壓的情況下,不少信託公司開始大力拓展證券類業務,將資本市場作為發力方向。2015年,證券信託業務得到了快速的發展。

(一)證券市場已成為第三大信託資金配置領域

總體而言,從2013年年末至2016年第一季度,投向證券市場的信託資金規模和占比呈上升趨勢,並在2015年第二季度末達到頂峰。由於2015年上半年的牛市行情,各信託公司紛紛開展股票投資信託、傘形信託等業務,證券信託業務餘額在2015年第二季度末達到3.02萬億元,占比達到20.37%,成為僅次於工商企業的第二大信託資金配置領域。

---

① 朱曉林,中鐵信託研究發展部研發經理。

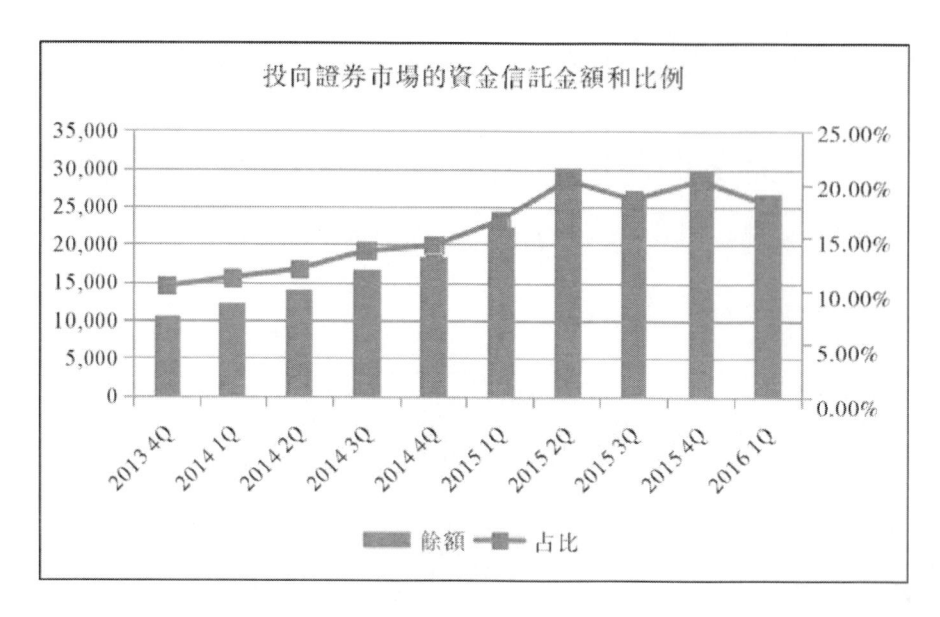

圖 投向證券市場的資金信託金額和比例圖

數據來源：中國信託業協會

　　2015 年下半年開始，由於股票市場走勢的變化及監管政策趨緊，證券信託業務的餘額和占比都有所下降。截至 2016 年第一季度末，證券信託業務餘額為 2.69 萬億元，占比 18.13%，成為僅次於工商企業和金融機構的第三大信託資金配置領域。

　　(二) 債券信託業務持續增長

　　就細分結構而言，2015 年股票投資信託發展過程波瀾起伏，上半年伴隨股市牛市，股票投資信託尤其是傘形信託規模持續擴大；而下半年股票投資信託規模則有較大幅度下降。

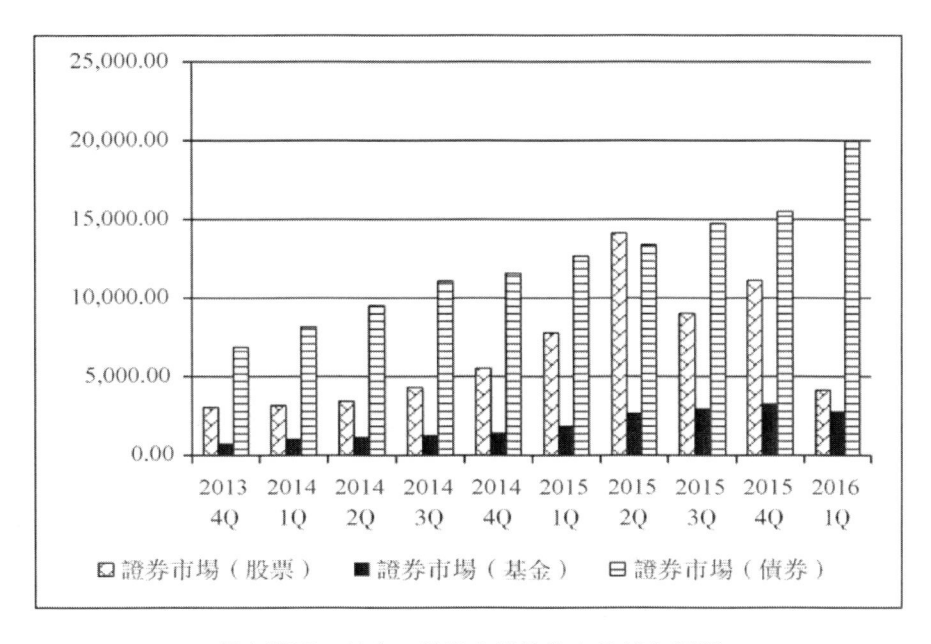

投向股票、基金、債券市場的資金信託金額圖

數據來源：中國信託業協會

比較而言，債券投資信託規模一直持續增長，相關資產配置得到提升。2016 年第一季度末，債券投資信託存續規模達到 2 萬億元，較 2015 年年末大幅度增長了 29.05%。

(三) 證券業務規模及占比前 10 名的信託公司

根據 68 家信託公司 2015 年年度報告，共有 65 家信託公司披露了投向證券市場的信託資產規模。截至 2015 年年末，各信託公司存續的平均證券業務規模為 404.98 億元，占比為 10.03%；而我司的證券業務存續規模僅為 44.01 億元，占比僅為 2.26%。

從 2015 年年末證券業務規模及占比前 10 名的信託公司表可以看出，截至 2015 年年末，證券信託業務規模超過 2,000 億元的有四家信託公司，分別為華潤信託、建信信託、外貿信託、華寶信託。其中，華潤信託的證券信託業務規模及占比分別為 5,280.29 億元、71.73%，都居行業第一，較 2014 年年末的 1,596.98 億元、33.84%分別大幅度增加了 2.31 倍、1.12 倍。

2015 年年末證券業務規模及占比前 10 名的信託公司表

序號	信託公司	證券業務規模（億元）	規模排名	占比（%）	占比排名
1	華潤信託	5,280.29	1	71.73	1
2	建信信託	4,253.16	2	38.78	3
3	外貿信託	2,449.65	3	53.73	2
4	華寶信託	2,120.51	4	38.03	4
5	興業信託	1,407.21	5	15.26	14
6	交銀信託	1,212.17	6	24.48	7
7	四川信託	1,036.28	7	30.66	6
8	中融信託	721.19	8	10.77	24
9	平安信託	691.01	9	12.37	19
10	陝國投	633.93	10	33.94	5
11	山東信託	524.60	13	21.29	8
12	北方信託	555.74	12	19.62	9
13	華融信託	396.55	14	18.67	10
	此 13 家公司平均	1,637.10		29.95	
	行業平均	404.98		10.03	
	中鐵信託	44.01	37	2.26	43

數據來源：各信託公司 2015 年度年報

根據 2015 年年度已清算證券類項目收益率及信託報酬率表的數據，各信託公司證券類信託項目的收益率差別較大。就主動管理類項目而言，最高的是平安信託，為 70.90%，最低的是興業信託，為 0.34%，反應了各信託公司的主動管理能力差距較大。就被動管理類項目而言，其平均收益率遠低於主動管理類項目，收益率最高的是華融信託，為 15.42%，最低的是四川信託，為 -11.57%。

就信託報酬率而言，主動管理類項目的最低報酬率為 0.25%，平均報酬率為 0.41%；而被動管理類項目的最低報酬率僅為 0.05%，平均報酬率為 0.18%。

2015年年度已清算證券類項目收益率及信託報酬率表

類別	信託公司	項目個數	實收信託合計金額（億元）	加權平均實際年化收益率(%)	加權平均實際年化信託報酬率(%)
主動管理類	華潤信託	162	637.04	7.34	—
	建信信託	0	0.00	—	—
	外貿信託	72	193.45	6.14	0.29
	華寶信託	23	54.59	20.14	—
	興業信託	43	160.55	0.34	0.25
	交銀信託	3	0.12	2.45	0.36
	四川信託	7	14.69	44.75	0.53
	中融信託	201	472.21	0.85	0.73
	平安信託	121	243.75	70.90	0.56
	陝國投	52	70.11	61.49	0.40
	山東信託	33	20.94	6.69	0.39
	北方信託	2	65.03	8.44	0.35
	華融信託	6	14.52	24.65	0.26
被動管理類	華潤信託	0	0.00	—	—
	建信信託	0	0.00	—	—
	外貿信託	194	392.16	6.43	0.20
	華寶信託	5	5.21	12.99	—
	興業信託	0	0.00	—	—
	交銀信託	3	20.07	7.16	0.05
	四川信託	170	311.12	−11.57	1.00
	中融信託	3	0.90	−4.52	0.13
	平安信託	0	0.00	—	—
	陝國投	0	0.00	—	—
	山東信託	0	0.00	—	—
	北方信託	12	128.71	9.10	0.20
	華融信託	31	62.07	15.42	0.24

數據來源：各信託公司2015年度年報

通常而言，證券投資類信託項目無剛兌壓力，投資者自負盈虧，其占比上升應使信託公司整體剛兌壓力下降，但2015年由於證券信託產品出現了虧損，投資者要求剛兌，引發多起糾紛。出現糾紛的原因多樣，部分是投資者缺乏契約精神，由於自己風險管理意識淡薄導致投資虧損，但不想承擔投資損失；另外部分信託公司盲目擴大證券投資類業務，後臺營運管理和風險控製能力不足，也是引發糾紛的原因之一。

二、典型信託公司證券業務的發展情況

（一）華潤信託

2015年，華潤信託制定了「4+2」重點工作任務，首條內容即是針對證券投資業務線——跨越起伏，拾級而上。2015年年末，華潤信託的證券信託業務規模及占比分別為5,280.29億元、71.73%，都居行業第一；較2014年年末的1,596.98億元、33.84%增加了2.31倍、1.12倍，增長幅度較大。

華潤信託的證券類業務主要是與私募機構合作，積極地在市場上甄選優秀的私募基金。除了老牌的陽光私募外（如私募教父趙丹陽），華潤信託還吸納了數家新銳機構（如從公募基金「奔私」的明星基金經理王鵬輝領銜的望正資產）發行產品。華潤信託引進私募基金，主要考察歷史業績、管理規模和行業名聲，以及基金管理公司的文化、價值觀、治理結構以及風控合規體系等。

除與私募合作外，華潤信託還積極拓展主動管理的組合證券投資信託產品，即托付寶TOF系列產品。該系列產品是以國內優秀證券投資信託作為主要投資標的，通過組合投資、動態優選，以實現風險收益匹配最佳、持續穩定絕對回報的投資目標。

在風險控製方面，華潤信託按照法律法規規定按期進行信息披露，

向投資者充分揭示市場風險；指定專職人員負責逐日盯市，進行風險監控，嚴格執行信託文件約定的投資限制條件。

2015年，華潤信託發行了介入新三板的第一單業務，「鼎盛68號君實生物定向增發項目集合信託計劃」。該信託計劃為結構化設計，信託資金用於向上海君實生物醫藥科技股份有限公司增資並認購君實生物定向發行的股票。在風控措施上，借鑑了股票二級市場上常見的上市公司回購股票安排、股票質押三方監管安排、理財資金信息披露安排，將融資退出與公司自身資金運用相關聯。

此外，華潤信託在2011年度獲得合格境內機構投資者（QDII）資格的基礎上，於2015年度取得深圳市境外投資基金管理企業（QDIE）的資格。QDIE相較QDII投向更為廣泛，為信託公司拓展海外非標資產、股權及不動產投資等主動管理業務打通了渠道。

(二) 建信信託

2015年年末，建信信託的證券信託業務規模及占比分別為4,253.16億元、38.78%，分別位居行業第二和第三名；較2014年年末的1,974.27億元、29.65%分別增加了115.43%、30.79%。

建信信託的證券信託業務以被動管理項目為主。2015年年末，建信信託存續的主動管理類證券業務規模為384.66億元，占比9.04%；被動管理類證券業務規模為3,868.50億元，占比90.96%。

建信信託的證券信託業務模式為：利用資金優勢，聘請專業投資顧問進行專業化二級市場證券投資，代表產品為「建信私募精選集合資金信託計劃系列」。對信託公司而言，主要是尋找合適的、進行合作的管理團隊；並通過建立有效的投資組合、設置投資比例和投資限制以及預警線和止損線、加強單位淨值的日常監控、安排專人盯市等措施規避證券市場風險。同時，建信信託可發行定向增發、大宗交易、股指期貨等

定向投資型信託。

(三) 外貿信託

2015年年末，外貿信託的證券信託業務規模及占比分別為2,449.65億元、53.73%，分別位居行業第三和第二名；較2014年年末的1,766.35億元、32.50%分別增加了38.68%、65.32%。

證券信託是外貿信託六大業務方向之一，致力於打造「優秀的證券信託綜合服務商」。主要經營措施為：逐步構建涵蓋受託人服務、基金行政服務、託管人業務、大數據服務、大類資產配置服務等多元化綜合服務體系，不斷鞏固行業領先地位。外貿信託設有證券信託事業部，下設市場部、產品管理部、估值核算部、交易部、投資部和綜合部；採取對業務開發、交易和營運管理進行專業化劃分，分設團隊，實現全流程管理的專業化，提高工作效率。

對於投資顧問和委託人作為投資管理人的非自主管理類的證券信託業務，外貿信託正嘗試通過差異化的服務提高證券類業務的競爭水平。據瞭解，外貿信託已與多家私募基金簽署戰略合作協議。除提供產品創設、份額登記、財產清算、交易執行等基礎服務外，外貿信託同時還針對性地提供利益分配安排、績效分析、定制報告、頭寸管理、現金管理、交易管理等增值服務，並在不斷擴充、深化服務內容。

在主動管理類業務方面，外貿信託也在持續提升資本市場的主動管理能力。2015年推出由對沖類「乾元TOT」、固定收益率「坤元TOT」兩大產品系列。TOT產品為外貿信託公司自主管理產品，通過組合投資方式，在相對低風險情況下，追求穩健收益。2015年底，「乾元TOT」集合資金信託計劃淨值增幅已超過34%，在同類組合投資穩健型權益類產品中名列前茅。

在風險控制方面，針對證券投資信託業務規模的不斷增長，外貿信

託通過加強對交易人員的專業培訓，開發應用專業的證券交易系統，詳細梳理業務流程及其風險管控和操作要點等方式，強化證券投資業務的操作風險管理。具體而言，證券信託事業部負責證券投資信託產品的設計、交易和執行管理以及信息披露，對證券投資信託業務進行實時監控，每日對證券投資信託產品進行估值，確保相關的風險管控及操作要點落實到位，並定期向投資者和風險管理職能部門報送證券投資信託業務相關報表。

同時，外貿信託也在積極佈局境外理財業務，2015年成功發行信託行業內首個淨值型權益類境外投資QDII信託，並由外貿信託進行完全主動管理，實現行業性重要突破，持續為客戶打造全市場、全環境、全維度的一站式財富配置服務平臺。

（四）華寶信託

證券是華寶信託著重發展的專業領域，同時華寶信託也在重點打造並擴大該領域的專業管理能力優勢。2015年年末，華寶信託的證券信託業務規模及占比分別為2,120.51億元、38.03%，均位居行業第四名；較2014年年末的1,597.41億元、32.50%分別增加了32.75%、17.02%。2015年度，華寶信託清算的主動管理類證券項目的加權平均年化收益率高達20.14%，體現了華寶信託較強的主動管理能力。

在證券類業務的發展上，華寶信託強調以專業化和差異化發展為基本戰略指導思想，強化能力建設、品牌建設和渠道建設。華寶信託的證券投資信託業務分為權益投資類、量化對沖類、債券投資類三大類，具體見華寶信託證券投資信託的業務分類表。

華寶信託證券投資信託的業務分類表

類別		特點
權益投資類	千足金系列	「千足金」系列結構化信託是華寶信託為優秀的投資管理機構精心打造的類固定收益型證券投資平臺。
	大臧金系列	「大臧金」系列結構化信託是華寶信託首創的浮動收益型結構化信託產品，以技術性手段保障優先受益人信託本金安全，且優先受益人與次級受益人共同分享投資收益。
	非結構化證券投資信託	非結構化證券投資信託是華寶信託採用國際通行的私募基金準則設計的定期開放浮動收益型信託產品。
	分組帳戶投資信託	分組帳戶投資信託是華寶信託面向專業投資機構和個人開發的一款創新產品，採用分層設計，可以為專業投資機構和個人提供方便、快捷的配資服務。
量化對沖類		量化對沖類信託產品摒除了傳統私募產品選股、選時的策略，以證券市場數據和統計模型為依據進行投資，具有傳統私募產品所不具備的優勢。通過開發量化對沖產品，華寶信託逐步建立並完善了適應高頻量化的交易和風控平臺，既滿足高頻交易策略的速度需求，也方便了盤中和盤後的風控管理。
債券投資類		債券投資類信託產品是以投資銀行間市場和交易所債券、債務融資工具、分級式基金優先級等具備固定收益特徵的投資工具為標的的信託產品。

資料來源：華寶信託官方網站

在風險控製方面，華寶信託對系統的依賴度較高，主觀判斷性較少。對於證券投資類項目，華寶信託通過完善資產管理系統，實現了所有證券交易的系統化，使所有證券交易行為均處於系統的有效控製之下。在資產管理系統中，通過股票池、投資比例指標和人員授權等方面的管理，保證了證券投向、投資比例和不同崗位的投資權限均處於公司的有效控製之下。

三、信託公司的證券業務機會

中國的經濟新常態為信託行業發展帶來了壓力，行業風險事件有所增加，傳統業務形勢嚴峻，促使信託行業開啓轉型之路。隨著中國多層次資本市場的建設，在較長的一段時間內，中國資本市場將保持持續繁榮局面，公司應把握資本市場的新機遇，大力開展證券信託業務。

（一）股票投資

信託公司開展二級市場股票投資業務，主要是以傳統管理型和結構化證券投資信託的模式為主。該模式可以快速做大信託資產管理規模，但收費較低，信託公司需要積極向開展主動管理型業務轉型。

信託公司開展主動管理型業務最核心的因素是要有專業的人才，比如具有一定知名度的基金經理。由於傳統基金公司對基金經理的激勵機制不到位，公募基金離職的基金經理較多，這為信託公司提供了足夠多的潛在聘用對象。具有競爭力的激勵機制是信託公司吸引專業人才的重要原因，信託公司可創新激勵模式，讓其在享受高激勵的同時專注於投資，減少日常事務對其的干擾。

在業務轉型初期，信託公司可參考中小私募產品的模式開展主動管理型證券投資業務。中小私募產品在團隊構成上一般包括投研、風控和銷售三個團隊。其中，投研團隊一般有 10 人左右，信託公司一方面可在市場中積極尋找相匹配的人才，另一方面可與券商研究所合作為開展證券投資業務提供投研支持；風控主要是在交易層面進行監控，信託公司的傳統股票管理型和結構化業務已經累積了一定的風控經驗和相關人才；在產品銷售方面，信託公司可利用自身成立的直銷團隊為產品銷售提供保障。

（二）指數基金

相對於股票二級市場投資，指數基金只需選擇並跟蹤指數，而無須

選擇投資標的，因此操作相對簡單，也是信託公司開展證券信託業務的機會之一。

信託公司可以選擇細分指數創設指數基金產品。目前公募基金跟蹤常見指數有很多，如滬深 300、中證 500 等，信託公司推出同質化產品無競爭優勢。因此，信託公司可以根據熱點領域和行業創設主題指數基金，爭搶細分市場，如跟蹤 TMT 指數、國企改革指數等。

在具體產品設計上，可以考慮設計成定期開放申購贖回模式。在結算方面，根據 2014 年 3 月 25 日發布的《中國證券登記結算有限責任公司關於私募投資基金開戶和結算有關問題的通知》，私募基金參與中國證券登記結算有限責任公司（簡稱「中國結算」）負責結算的證券市場投資活動，可採用證券公司結算模式或託管人結算模式。證券公司結算模式是由證券公司通過其在中國結算開立的備付金帳戶，完成包括私募基金在內的全部客戶證券交易的資金結算。託管人結算模式要使用專用交易單元並事先獲得交易所的書面同意；同時，託管人還必須與中國結算簽訂相關證券資金的結算協議。為了避免留存備付金，在結算方式上，建議選擇證券公司結算模式。

(三) 陽光私募 MOM

MOM（Manager of Managers）即管理人的管理人，是通過甄選基金管理人，以投資子帳戶委託形式，讓入選的子投資管理人負責投資的一種投資模式。相比主動管理型投資，MOM 對於信託公司具有如下優勢：第一，專業性要求低，對二級市場投資能力要求較低；第二，分散風險，單個基金難防禦週期性波動，MOM 可分散風險並平滑收益。

陽光私募的快速發展為 MOM 帶來了巨大的市場空間。自 2014 年 3 月私募備案制實施以來，陽光私募規模迅速擴容。對於投資者來說，MOM 則可以幫助投資者挑選出收益高且相對穩定的基金管理人，以達

到分散風險、獲得可觀回報的目的。對私募基金經理來說，相當一部分私募基金經理是「棄公奔私」時間並不久的非明星基金經理，雖然有很強的投資管理能力，但由於名氣不夠大，募資能力弱，信託公司開展 MOM 則正好迎合了其募集資金的需求。

創設 MOM 產品主要有四個步驟。第一，篩選並初步構建私募基金經理池；第二，制定投資策略，對宏觀經濟、資本市場、行業進行分析後制訂大類資產配置方案；第三，從私募基金經理池中挑選投資顧問，私募基金經理投資風格與母基金投資策略相匹配；第四，產品研發完成後進行路演及發行。

(四) 定向增發

2013 年以來，市場對 A 股轉牛的預期越來越強烈，投資者對上市公司定向增發的熱情開始高漲，定向增發市場從 2013 年起提速發展。在牛市預期下，現階段上市公司通過定向增發進行融資的需求非常強烈。與此同時，定向增發項目收益可觀。從 2014 年定向增發市場收益統計數據來看，超過 86% 的項目收益為正，且近 7 成收益（浮盈）超過了 20%。在長期牛市行情不變的前提下，只要將定向增發價格控製在合理範圍內，定向增發退出並無系統性風險。此外，上市公司越來越頻繁的併購交易也為定向增發退出造勢護航。

A 股上市公司以現金認購的定向增發業務分為兩類，一類是採用競價方式的 1 年期定向增發，另一類是採用定價方式的 3 年期定向增發。對於 1 年期定向增發，上市公司都會提前公布定向增發預案，從發布預案到正式申購競價一般需要 3~6 個月時間。對於 1 年期定向增發，獲取定向增發機會的關鍵是報價精準，因此信託公司需要加強對投資標的研究，必要時可以與券商研究所合作。對於 3 年期定向增發，董事會預案公告時即已確定交易對象和交易價格。相對於 1 年期定向增發，3 年

期定向增發交易中投資者能夠獲得更多價格折扣。要獲取此類定向增發機會，信託公司則須與上市公司股東、券商投行部門建立良好合作關係。

此外，信託公司還可以參與新三板掛牌企業的定向增發。相對於A股上市公司定向增發，新三板定向增發無限售期規定。信託公司可以重點挖掘採用做市轉讓方式交易的掛牌公司的定向增發機會。

（五）債券業務

債券市場存在著大量的投資機會，特別是自2015年下半年以來，在利率持續下行、槓桿資金轉向的共同作用下，「股債蹺蹺板」效應再現，債券市場出現一波行情，各信託公司也加大了對債券市場的投資力度。

目前債券信託業務主要以通道業務和配資業務為主，由信託公司設立結構化信託計劃，為債券投資加槓桿。通過這些業務可以加強信託與銀行及券商的合作，提高信託公司標準化業務的專業能力，開展幫助原交易對手發行債券或資產支持證券等投行業務，推動非標業務向標準化轉型。

信託公司在拓展債券市場業務時，應更加重視自身債券投資能力的培養，加大交易型人才的儲備，為向資產管理方向轉型打好基礎。

2016年第一季度，外貿信託在其官網表示，其積極參與銀行間債券市場投資，經過歷年不懈地努力與累積，各信託產品在2015年年末中央結算公司託管企業債券持有量位居前列，成功申請成為2016年企業債券直接投資人，是2016年銀行間債券市場獲此項資格的唯一一家信託公司。作為企業債券直接投資人，外貿信託可以直接參與企業債券的投標和申購，為公司在債券市場的業務拓展提供助力。同時，百瑞信託等多家信託公司亦在招聘債券信託投資經理和債券信託交易員。

（六）PE（不含併購及定向增發）

PE 投資在 2008 年之前有過高潮，隨後在金融危機下持續低迷數年。從 2013 年起 PE 投資開始復甦，2014 年市場又一次變得火爆。預計未來 PE 投資行業仍存在巨大的機會，資本市場政策推進將使 PE 投資退出渠道通暢。根據被投資企業發展階段的不同，PE 投資可細分為天使投資、創業投資、成長資本、Pre-IPO。投資階段越靠前，投資風險越高，對投資者專業性的要求也越高。

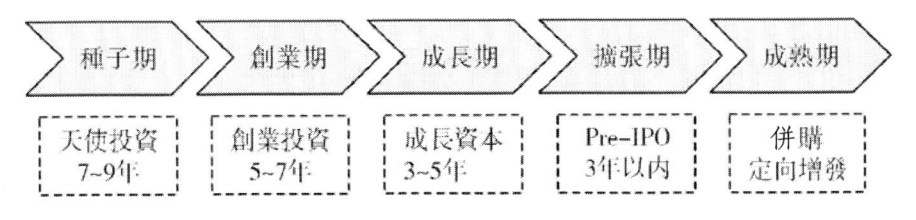

種子期	創業期	成長期	擴張期	成熟期
天使投資 7~9年	創業投資 5~7年	成長資本 3~5年	Pre-IPO 3年以內	併購 定向增發

PE 投資分類及特徵圖

天使投資和 Pre-IPO 並不是信託公司的主要機會。天使投資期限最長，封閉期一般是 7~9 年，且天使投資風險及對專業性要求最高，與信託公司的專業水平及資金久期不匹配。而 Pre-IPO 的美好時代也已不再，從 2009 年開始，各路資金紛紛進入 PE 行業加入 Pre-IPO 項目爭奪，投資成本水漲船高。即使 IPO 註冊制改革可縮短投資退出週期，但由於一級、二級資本市場之間除流動性以外的溢價因素將消失，未來 PE 投資以溢價退出的不確定性仍會大大增加。

信託公司的機會主要在創業投資和成長資本。2014 年，成長資本和創業投資占當年 PE 投資（不含併購、定向增發）金額的近 70%。雖然現階段成長資本和創業投資也面臨一輪行業洗牌，沒有核心競爭力的投資機構將遭市場淘汰，但總體而言，隨著中國技術升級、消費升級以及服務升級，具有核心競爭力的成長資本依舊能夠捕獲眾多投資機會並在市場上站穩腳跟。

信託公司開展 PE 投資業務可有以下三種思路：

首先，信託公司與 PE 機構合作投資。這種方式下，信託公司與知名 PE 機構合作，由合作機構主導找項目，信託公司主導提供資金，採用投資決策，由雙方一致通過才可投資的合作方式。在具體項目的合作上，可就單個項目進行點對點合作，這就要求合作的 PE 機構及項目均非常優質；對於一般項目，則建議通過組合投資的方式分散單個項目投資風險。

其次，信託公司自身開展創業投資及成長資本投資。對於創業期和成長期企業，往往仍處於燒錢階段，投資此類機構對投資者專業判斷能力要求較高，因此可採用與行業專業人士合作的方式開展投資。

最後，開展機會型投資。挖掘傳統業務中累積的工商企業貸款客戶股權融資需求，挖掘資金端高淨值企業家客戶的股權融資需求，挖掘其他機會型 Pre-IPO 投資項目。

(七) PE FOF (私募股權投資母基金)

相比於 PE 投資中一般合夥人 (General Partner，簡稱 GP) 自己募集資金，自己尋找項目投資，PE FOF 業務則是募集資金投資其他 PE 基金。隨著 Pre-IPO 的機會越來越少，包括平安創新資本在內的一批 PE 機構將 PE FOF 業務作為新的突破口。

現階段，PE FOF 業務存在巨大的機會。首先，經過多年的發展，中國 PE 市場規模足夠大，2013 年以來 PE 基金發行數量顯著增多，成熟的 LP 規模增加，足以支撐 PE FOF 業務中基金的挑選；其次，PE FOF 業務的 GP 壓力較小，PE FOF 業務投資其他 PE 基金而非具體項目，因此對 GP 的專業性要求較低，GP 也無須在找錢的同時找項目；再次，PE FOF 業務收益可觀，如平安信託 PE FOF 一期預計內部收益率達 25%；最後，PE 二級市場轉讓需求為 PE FOF 業務帶來眾多投資

機會。部分機構投資者由於自身流動性緊張，無法履行 PE 基金募集時的認購承諾，從而出現所謂的「斷供」現象，這些存量 PE 份額轉讓的需求很大。如景天資本 2011 年底接手了一家「斷供」有限合夥人（Limited Partner，簡稱 LP）4,000 萬元的出資份額，僅 3 個月後基金旗下投資的和邦股份（603077.SH）通過中國證監會審核，7 個月後上市，創 PE 退出時間最短紀錄。PE FOF 業務通過挖掘上述因流動性問題而產生的存量份額轉讓機會，可以在相對更短的時間內退出。

精選基金管理人是信託公司開展 PE FOF 業務的重中之重。信託公司以基金管理人的業績與穩定性為主要導向，選擇的基金投資方向及策略各不相同，以達到分散風險的目的。在具體操作中，首先可以初步考察團隊歷史業績、團隊構成、項目儲備、投資速度等要素建立備選基金管理人數據庫，然後對經初步篩選的基金管理人開展盡職調查，除關注業績指標以外，還需重點關注基金管理人與信託公司合作的匹配度。經過上述步驟後，精選基金管理人進入合作條款談判階段，信託公司力求達到最好的合作條件。為與客戶利益保持一致，在 PE FOF 業務中信託公司最好自身跟隨投資，增強投資者信心。此外，信託公司還應關注 LP 份額轉讓機會，創造超額收益。

（八）併購

中國併購市場自 2013 年出現爆炸式發展以來，熱度持續提升，2015 年完成的併購交易規模同比增長 69%。樂視網、全通教育等公司通過併購快速提升市值並奠定行業龍頭地位的案例，更加激發了上市公司的併購需求，從而不斷推升併購市場容量。

按照併購交易類型不同，信託公司可採用不同的參與模式。一類併購屬於產業整合，主要由龍頭企業在產能過剩行業兼併收購、盤活資產。典型代表有中民投整合鋼鐵、光伏、船舶三大產能過剩行業，中民

投聯合保利協鑫成立規模100億元的產業基金，整合分布式能源產業鏈等。此類併購對行業專業性、營運管理能力要求非常高，產業整合所需資金量巨大，信託公司可以融資模式參與此類併購業務。

另一類併購屬於圍繞上市公司的併購交易。這類業務對專業性要求不高，併購所需資金量也相對較少，是信託公司開展併購業務的重點類型。目前已有模式如下：①「PE+併購」，即與上市公司成立併購基金，收購標的，培育成熟後裝入上市公司，提前鎖定退出渠道。典型案例是硅谷天堂與大康牧業成立併購基金。②「持股+併購」，即投資機構以定向增發方式或在二級市場買入上市公司股票，協助上市公司開展併購。由於併購往往帶來股價上漲，投資機構在推高股價後退出。這類模式較「PE+併購」模式回報豐厚，典型案例是硅谷天堂與長城集團開展的併購。③私有化再上市，即收購海外被低估的中概公司，私有化退市後在A股等估值較高的市場重新上市，典型案例是紫光集團併購展訊通信。

四、公司發展證券業務的思考和建議

證券業務是信託公司傳統的四大業務板塊之一，隨著近期中國證券市場的回暖，多層次資本市場對於經濟轉型重要作用的顯現，以及傳統的房地產、信政等業務受到經濟環境和監管政策的限制，證券業務已得到信託行業的重新重視，越來越多的信託公司已將其定位為當前及下一階段發展的主要業務板塊。

作為信託公司未來業務發展的主要方向之一，要從戰略上高度重視證券業務的發展，給予更多的資源支持和傾斜。

(一) 重視收費類業務，逐步培養主動管理能力

在業務拓展方面，一是要重視發展收費類業務，迅速做大規模；二

是要逐步培養公司自身的主動管理能力，形成信託公司的差異化競爭優勢。

　　收費類業務包括了陽光私募、銀行通道、券商通道、事務管理類等一系列業務，其目的在於提升公司證券業務規模和市場佔有份額，通過相對簡單的事務性管理，在風險較低的前提下幫助提升公司總體規模。此類業務開展的起點較低，屬於信託業務中的「勞動密集型」領域，雖然業務的收益較低，但可在短時期內較快推廣，有望成為未來公司規模增長的主力。當收費類業務達到一定規模時，也能為公司帶來可觀的收益。

　　在發展收費類業務的同時，還應當逐步培養信託公司的主動管理能力。通過積極的投資管理，增強公司證券業務的盈利水平，在主動承擔風險的基礎上，獲取較高的投資收益，為公司提供新的長期利潤增長點。主動管理類業務開展的起點較高，需要循序漸進的累積，除了需加強相關軟硬件建設外，還應培養投資文化，建立相應的業務管理體系。此類業務一旦形成體系，將對公司的整體轉型升級有極大的促進作用，能夠形成穩定的利潤增長點，且在差異化和專業化上有明顯優勢。

　　(二) 加強合作，建立准入標準

　　信託公司證券業務的發展離不開合作夥伴的支持，信託應與更廣泛的券商、基金及私募建立合作聯繫，並就投資顧問、合作夥伴等設計准入標準及與公司有關的風控製度配套實施。

　　信託公司在對合作夥伴進行考察時，除了其公司概況外，還應關注以下方面：①基本情況，包括經營理念、公司文化、產品發行情況、產品收益率與風控指標、組織架構等；②團隊建設情況，包括各部門人員配備情況、高管人員簡歷、關鍵崗位歷史人員變動情況、擬任投資經理及其簡歷等；③投資理念、投資流程和研發情況，包括投資理念及投資

風格、投資決策流程、投研所採用的定性定量方法簡介、研究人員行業分布情況、入選股票（基金、債券）池標準與流程等；④風險控製情況，包括風險控製理念、風險管理部門架構、投研中風險控製實施流程、IT 系統風險的防範等；⑤已發產品的業績情況，包括產品收益率、與同期上證指數（或滬深 300 等）收益率的對比分析、已發產品風控指標、第三方對產品的排名或評價等；⑥其他情況，包括與其他金融機構的合作情況、獲獎情況等。

（三）完善信息系統，建立交易室

證券業務的發展離不開信息系統的支持，信託公司應逐步開發完善專業的證券交易系統、估值系統、監控系統等，逐步用系統替代相關的人為操作。通過信息系統的完善，可達到以下效果：第一，可實現所有證券交易的系統化，通過股票池、投資比例指標和人員授權等方面的管理，保證證券投向、投資比例和不同崗位的投資權限均處於公司的有效控製之下；第二，可實現證券交易的實時監控，確保相關的風險管控及操作要點落實到位；第三，可降低人力資本支出，提升工作效率。

同時，信託公司還應建立專業的證券交易室，強化對交易人員的專業培訓，通過詳細梳理業務流程及其風險管控和操作要點等方式，強化證券投資業務的操作風險管理。

（四）信託公司積極開展 QDII、股指期貨等業務

在信託行業轉型升級的背景下，發展海外信託業務是眾多信託公司重點佈局的方向之一。與國內其他金融機構相比，信託公司開展海外信託業務起步較晚，但發展迅速。在海外投資預期收益提升以及高淨值客戶多元化資產配置需求的推動下，近年來信託公司發行海外信託的數量以及獲批額度都穩步增長。

目前，QDII 仍然是海外信託業務的最主要業務類型。2015 年，共

有14家信託公司①獲批QDII投資額度。截至2015年底，全行業QDII信託產品210款，QDII業務餘額為369.71億元人民幣，同比增長57.99%；其中，單一類產品194款，占比92.38%，金額349.4億，占比為94.51%，單一類產品為市場主流。

股指期貨的套期保值對沖功能對於現有的主要投資於二級市場的產品是一個很好的補充和投資風險控制手段。獲得股指期貨資格有利於促進信託公司證券業務的發展、有效降低市場風險、更好地維護投資人利益；同時信託公司還可以開發量化對沖類產品。據不完全統計，目前有11家信託公司②已獲得股指期貨資格。

為豐富公司的產品線，提高公司開展財富管理業務的競爭力，建議公司申請QDII、股指期貨等業務資格。

(五) 加強證券業務的監控及風險控制

第一，信託公司應完善證券業務管理的投資決策機制及各項實施細則，使其能夠涵蓋從項目發掘到後期管理的各個層面，並固化於相關的信息系統中，以提高證券業務的開展效率。同時，為抓住證券市場上的業務機會，公司還應建立重大投資決策快速反應機制，提高決策水平和效率。

第二，在市場風險方面，要逐步建立相應的指標監測體系，並加強對證券市場的研究，隨時關注證券市場運行趨勢。通過對宏觀經濟、貨幣、產業、行業等的持續性觀察，對市場或具體標的做出前瞻性分析，

---

① 獲批QDII投資額度的信託公司分別為：中誠信託、上海信託、中海信託、平安信託、華信信託、華寶信託、中信信託、新華信託、外貿信託、建信信託、中融信託、興業信託、北京信託、交銀信託。

② 獲得股指期貨資格的信託公司分別為：華寶信託、華潤信託、外貿信託、興業信託、中融信託、平安信託、中信信託、長安信託、上海信託、廈門信託和中海信託。

在此基礎上貫徹落實各項風控措施和管理手段，保障證券業務市場風險的可知、可控以及可承受。

第三，在操作風險方面，業務團隊應嚴格按照公司的規章製度開展證券業務，通過對業務開發、交易、營運管理的專業化劃分，形成職責分明、相互監督制約的管理機制，降低證券業務風控及管理的人為主觀性，實現全流程管理的專業化。

(六) 進行投資者分類，加強營銷支持

證券業務的長期穩定發展離不開營銷的支持，除了對接銀行、券商、私募等機構資金外，直銷也是證券業務重要的資金來源。一方面，信託公司可舉辦有關證券業務的主題沙龍活動，邀請明星基金經理等剖析證券市場，進行投資者教育，培養投資者自擔風險的意識；另一方面，信託公司在發行證券類信託項目時，可通過宣講會、主題推介會、路演等形式對投資者分類進行實驗，並通過問卷調查、面談等形式進行信息收集，建立信託公司的投資者分類信息庫並定期更新。

對於投資者分類信息庫，還可以進行系統性的發掘和運用，包括向不同類型投資者推薦產品、組合投資、家族信託開發等；同時，還可以根據投資者類型調整公司產品設計結構，豐富信託公司產品線，為客戶提供更好的產品和服務體驗。

信託公司自有資金股權投資研究報告
（2015—2016）

黃霄盈　朱曉林[①]

一、引言

在嚴峻的「五期疊加」[②]形勢考驗下，信託業繼續保持了規模及業績的平穩增長，但行業經營「拐點」的挑戰更加突出。隨著國內經濟增速放緩、整體融資需求下降、宏觀經濟結構失衡，信託公司經營的外部環境已經發生了重大的變化，傳統的業務模式已難以為繼，主要經營業績指標的增速都出現了較大幅度的回落，信託報酬率水平也持續下滑，信託業在理財市場上的先發優勢正在消減。同時，信託行業的風險也在不斷暴露，進而致使信託業進一步轉型升級的壓力增大。各信託公司需要加大自有資金投資的力度，以更加專業和全面的股權投資來實現對信託業務的輔助與協同，同時分散經營風險。

2015年信託公司自有資產規模在持續的股東增資和稅後利潤留存的情況下繼續平穩增長，全行業自有資產（母公司口徑）共計4,665億元，同比增長29.52%。排名前十名的信託公司的自有資產規模總額為

[①] 黃霄盈，朱曉林均為中鐵信託研究發展部研發經理。
[②] 即增長速度換擋期、結構調整陣痛期、刺激政策消化期、利率市場化推進期和資產管理業務擴展期。

1,754.64億元，占全行業的37.61%。

二、自有資金股權投資情況分析及個案分析

（一）總體分析

據年報披露，68家信託公司中，50家參與自有資金股權投資，18家無自有資金股權投資。其中，股權投資收益金額①差距較大，42家實現盈利、3家虧損、5家為零。股權投資收益金額較大的前五位分別是：中信信託、華潤信託、平安信託、江蘇信託、重慶信託。

1. 股權投資收益兩極分化嚴重

前五名信託公司股權投資收益總和占到全部的69.37%，其中中信信託占29.03%，華潤信託占21%，這兩家總和占全部信託公司總收益的50%，與其餘48家總和幾乎一致。說明各家信託公司的投資能力相差懸殊，或所投公司在去年盈利能力相差較大。

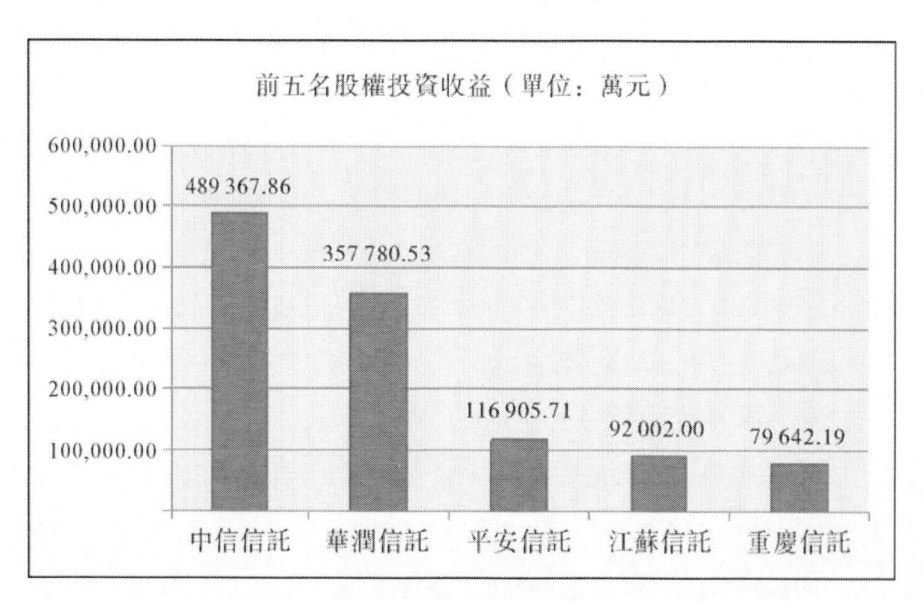

前五名股權投資收益（單位：萬元）

中信信託	489 367.86
華潤信託	357 780.53
平安信託	116 905.71
江蘇信託	92 002.00
重慶信託	79 642.19

前五名股權投資收益圖

數據來源：各信託公司2015年年報

---

① 本報告的股權投資收益金額及其他相關數據均為母公司口徑。

2. 對營收的貢獻情況分析

2015 年，50 家參與自營股權投資的信託公司中，除了華潤信託、江蘇信託、國聯信託、中信信託、國元信託外，其他公司股權投資收益對母公司營業收入的貢獻比例總體不大，對營收貢獻率都在 30%以下。其中，5 家信託公司的投資收益占營收 10%～20%，10 家占 10%～20%。主要原因：一是信託公司的主要收入來源仍是信託報酬，自營業務收入的占比較低；二是通過股權投資為營運模式（如設立專業子公司）的方式還沒有普及，以及這類公司還未實現盈利；三是自有資金用於其他更能產生盈利的渠道，比如證券投資，自營貸款等。

下圖為對營收影響較大的前幾家信託公司對比圖。

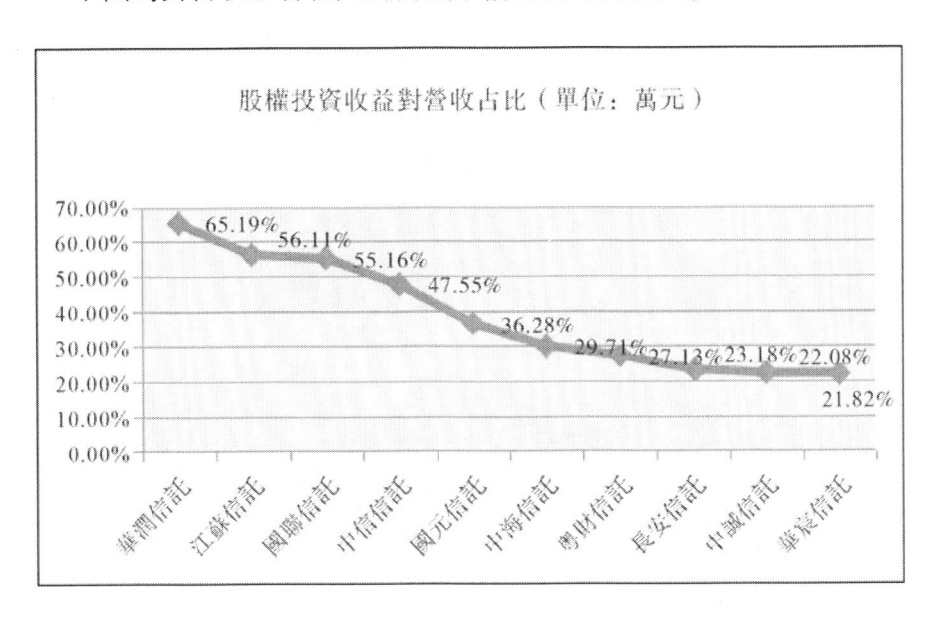

股權投資收益對營收占比（單位：萬元）

華潤信託 65.19%　江蘇信託 56.11%　國聯信託 55.16%　中信信託 47.55%　國元信託 36.28%　中海信託 29.71%　粵財信託 27.13%　長安信託 23.18%　中誠信託 22.08%　華宸信託 21.82%

股權投資收益對營收占比圖

數據來源：各信託公司 2015 年年報

從股權投資收益對營收占比圖可以看出，華潤信託在股權投資方面做得相當不錯，收益達 357,780.53 萬元，對營收貢獻達到 65.19%。另外，地方性信託公司——江蘇信託的股權投資收益成績不錯，達到

92,002.00萬元，對營收影響為56.11%。下文會對這兩家信託公司進行案例分析，剖析他們在自有資金股權投資方面的成功之處。

（二）股權投資類型分析

1. 投資標的行業分布情況

按行業分類為基金管理[①]、商業銀行、投資管理[②]、券商、資產管理、保險、期貨公司、財務公司、信託保障基金、製造業、財富管理、貨幣經紀、物業管理、傳媒、境外資本公司、融資租賃、圖書日用、文化傳媒、信託，等等；其中有24家信託公司投資基金管理公司、17家投資管理公司、13家投資券商、11家投資銀行、11家投資資產管理公司。

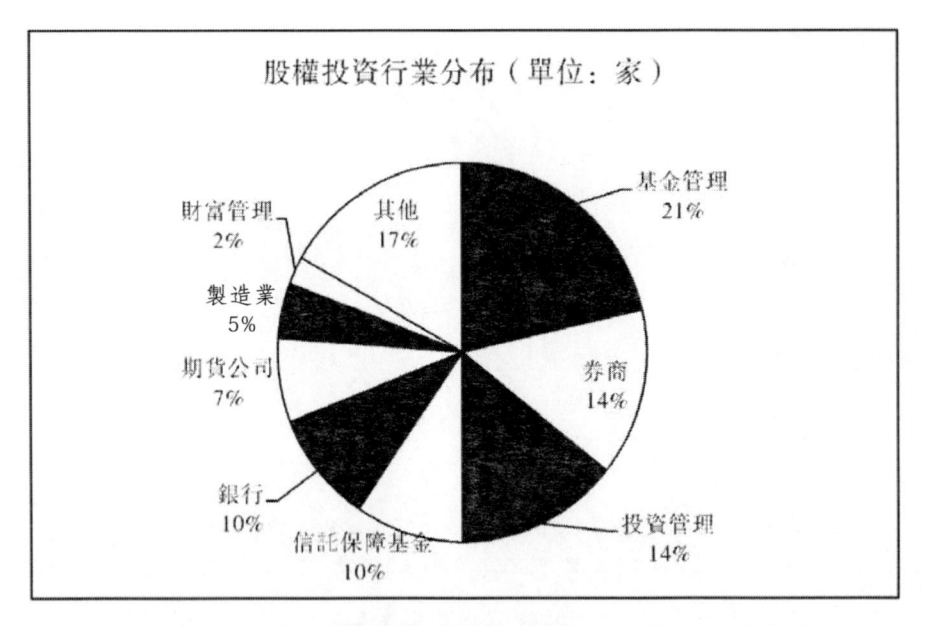

股權投資行業分布（單位：家）

財富管理 2%
其他 17%
基金管理 21%
製造業 5%
期貨公司 7%
銀行 10%
信託保障基金 10%
券商 14%
投資管理 14%

股權投資行業分布圖

數據來源：各信託公司2015年年報

[①] 基金管理公司為公募基金。
[②] 投資管理包括私募股權（PE）、產業投資、創業投資（VC）等等投資類公司。

由股權投資行業分布圖可以看出，其他金融機構是信託公司進行長期股權投資的主要標的。各信託公司充分運用自有資金，投資於銀行、證券、基金、保險等金融股權，實行控股或參股，構建金融產業鏈。通過金融股權投資，可以不斷拓展能力範圍，發揮信託整合資源的製度優勢，將關聯企業或自身擁有的各類金融功能有機地結合起來，更好地發揮信託的功能。在業務創新和業務拓展方面，充分利用這個金融平臺，可以進行自身金融鏈的聯動創新，開發出與自身資源稟賦相匹配的、有特色的金融產品。

同時，投資管理公司和資產管理公司也成為信託公司投資的主要標的，表明各信託公司正積極順應大資管時代的發展，提早進行佈局，走差異化、專業化發展道路，為客戶提供專業化的資產管理服務。

2. 案例分析——華潤信託和江蘇信託

（1）華潤信託案例分析

根據華潤年報披露，截至 2015 年底，華潤信託的前五名股權投資如下：

華潤信託股權投資分布表

信託公司	控股公司名稱	投資比例	投資收益（萬元）	投資類型
華潤信託	國信證券股份有限公司	25.15%	357,780.53	券商
	華潤元大基金管理有限公司	51.00%	0	基金管理
	深圳紅樹林創業投資有限公司	100.00%	0	投資管理-VC
	中糧成都沙河股權投資集合（2013—0995）	70.12%	0	其他

數據來源：各信託公司 2015 年年報

2015 年華潤信託全部股權投資收益來自於對國信證券的投資，共 357,780.53 萬元。2016 年上半年中國證券市場處於牛市行情，券商

2015 年的淨利潤比 2014 年增長了 153%，國信證券實現營業收入 291.39 億元；歸屬於上市公司股東的淨利潤 139.49 億元。

從華潤信託的投資標的種類上來看，投資趨勢是資本市場，其參股公司國信證券為全牌照券商，可以完成證券投資、證券經紀、企業 IPO 及定增等業務；控股公司大元基金主要進行基金管理業務；全資子公司深圳紅樹林創業投資則主要進行創業投資。由於發展資本市場是中國的改革方向，所以各金融機構都會在未來幾年把在資本市場的基礎打牢，以適應未來的多層次資本市場建設，抓住分享資本市場利潤的機會。另外，券商和基金有利於信託公司拓展營銷渠道，提升資產管理規模，實現各項業務優勢互補，有效提升金融板塊的創新能力。

（2）江蘇信託案例分析

根據江蘇信託年報披露，截至 2015 年底，江蘇信託股權投資收益成績不錯，達到 92,002.00 萬元，在信託公司中排名第四，對營收貢獻率為 56.11%，比例相當高。江蘇信託的前五名股權投資如下：

江蘇信託股權投資分布表

信託公司	控股公司名稱	投資比例	投資收益（萬元）	投資類型
江蘇信託	江蘇銀行股份有限公司	8.76%	83,182.52	地方商業銀行
	江蘇國投衡盈創業投資中心（有限合夥）	19.99%	0	投資管理-VC
	利安人壽保險股份有限公司	4.98%	0	保險
	江蘇民豐農村商業銀行股份有限公司	6.00%	540	地方商業銀行
	江蘇海門農村商業銀行股份有限公司	6.67%	500	地方商業銀行

數據來源：各信託公司 2015 年年報

從上表看出，江蘇信託的投資對象主要是地方性商業銀行，投資收益也主要來源於江蘇銀行的利潤分紅。雖然去年銀行業整體利潤增長停滯，與去年持平，但股東分紅依然穩定持續。

商業銀行目前是中國最大的金融子行業，整體上處於金融業的絕對壟斷地位，是整個金融產業鏈的核心。銀行不僅擁有低成本資金，也掌握著優質客戶和優質資源。投資商業銀行的股權將有利於構建以產權為紐帶的業務合作夥伴，利用銀行的資金募集優勢和信息優勢，充分發揮信託靈活的製度優勢，實現不同金融資源的有機整合，達到優勢互補、資源共享的目的，這也是信託公司未來快速發展的重要途徑之一。

(三) 以信託公司股東背景分類的分析

根據各家信託公司的年報披露的各家股東情況，將其劃分為央企控股、地方國企或政府控股、金融機構控股及民營企業控股四類。

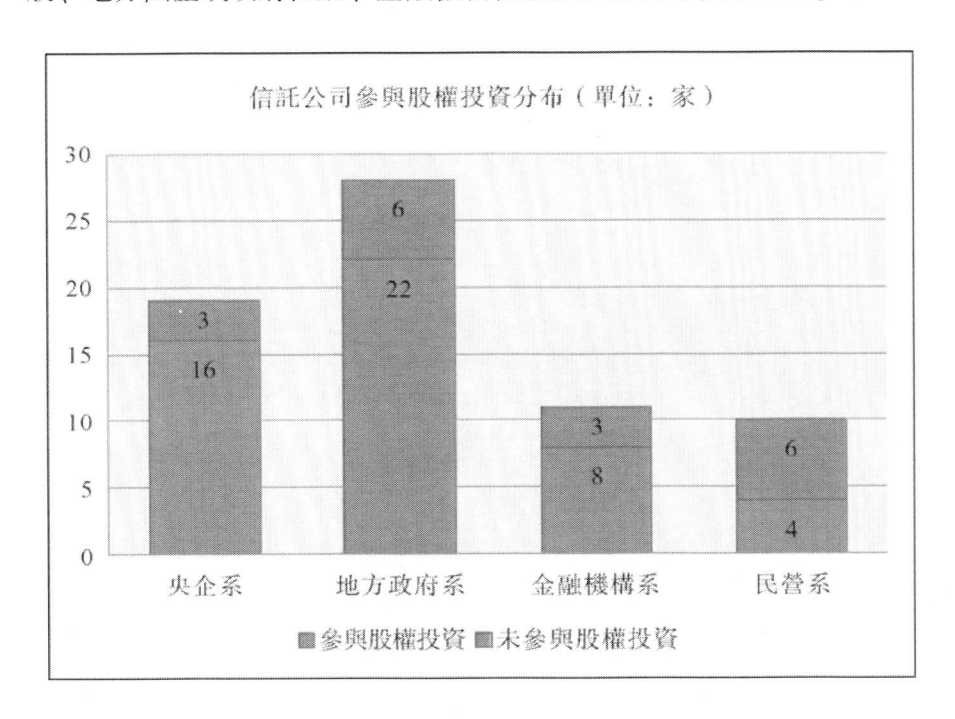

信託公司參與股權投資分布圖

數據來源：各信託公司 2015 年年報

68 家信託中，央企控股的有 19 家，地方國企控股的有 28 家，金融機構控股[1]的有 11 家，民營企業控股的有 10 家。在 50 家參與股權投資的信託公司中，央企控股的有 16 家，地方國企控股的有 22 家，金融機構控股的有 8 家，民營企業控股的有 4 家。央企系參與自營投資比例較高，達 84%，民企系參與比例較低，僅 40%。

1. 央企控股的信託公司

19 家央企系信託公司中有 16 家參與自營股權投資。相對於其他股東，央企主要分布於事關國家安全和國民經濟命脈的關鍵行業和重點領域，實力雄厚，能給予信託公司較大力度的支持，部分央企控股信託公司可以獲得集團公司的資金支持。

（1）2015 年股權投資名單：

央企類信託公司股權投資分布表

股東背景	信託公司	投資行業分布	2015 年投資損益（萬元）
央企	華潤信託	投資管理、基金管理、券商等	357,780.53
	中誠信託	投資管理、基金管理、券商、物業管理	59,524.59
	中海信託	基金管理、期貨公司、信託	47,943.41
	華信信託	券商、銀行	27,362.47
	外貿信託	基金管理、期貨公司	26,052.10
	中鐵信託	基金管理、融資租賃、信託保障基金、銀行、資產管理	10,074.00
	中融信託	投資管理、財富管理、傳媒、互聯網金融 信託保障基金等	9,577.00
	廈門信託	基金管理、製造業	9,467.00
	華寶信託	基金管理、券商	7,851.71

[1] 上海信託已於 2016 年 3 月被浦發銀行收購，成為銀行系信託公司。

（續表）

股東背景	信託公司	投資行業分布	2015年投資損益（萬元）
央企	百瑞信託	投資管理、銀行	5,317.51
	國投泰康	基金管理	3,315.00
	英大信託	基金管理、期貨公司、券商、製造業	2,397.45
	中航信託	券商、銀行、信託保障基金	2,343.44
	昆侖信託	投資管理	1,530.25
	五礦信託	信託保障基金	0
	中糧信託	投資管理	0
	方正東亞	—	0
	華能貴誠	—	0
	華鑫信託	—	0

數據來源：各信託公司2015年年報

　　有央企背景的19家信託公司，除方正東亞信託、華鑫信託和華能貴誠信託3家信託公司外，其餘16家都參與了股權投資，比例與民營企業背景的信託公司相比較高，並且被投資的公司數量較多。很多央企背景信託公司是作為金融資源整合的平臺和載體，打造央企的金融業務板塊，以促進集團產融結合水平的提升及以服務央企為主業發展。

(2) 央企類信託公司投資的公司類型。

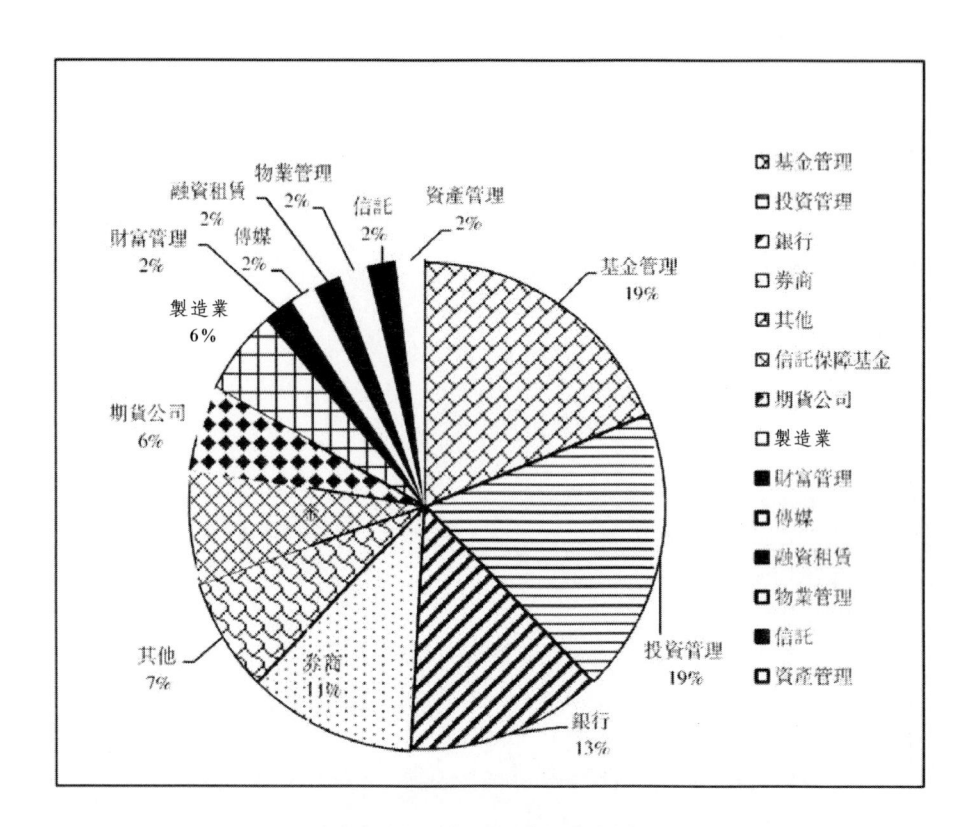

央企類信託公司投資行業分布圖

數據來源：各信託公司 2015 年年報

由央企類信託公司投資行業分布圖可知，央企類信託公司投資最多的三個領域是基金管理公司，券商和私募股權。基金管理公司達到 9 家，券商達到 6 家，投資管理公司達到 6 家，這也說明了信託公司逐步在向資本市場靠近。

（3）各投資類型的投資收益。

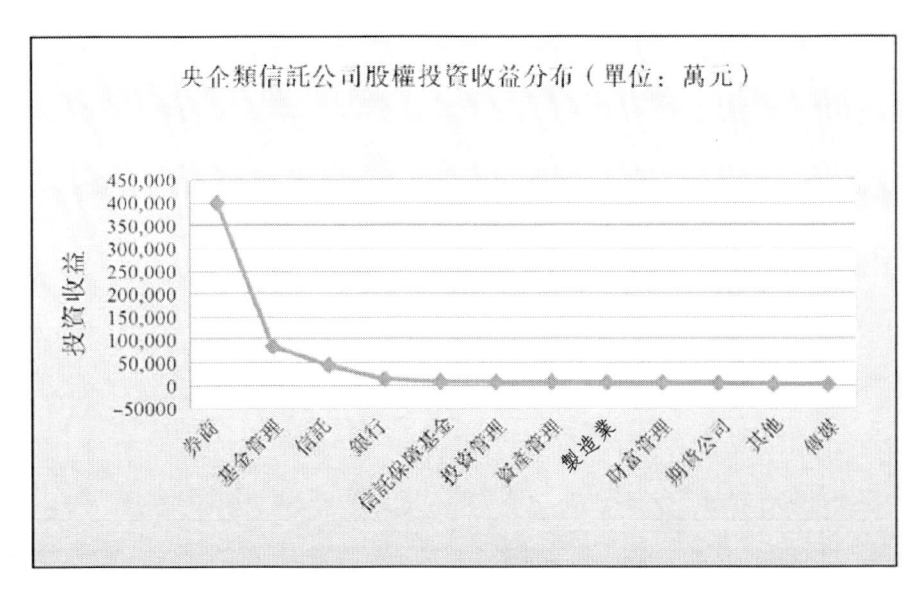

央企類信託公司股權投資收益分布圖

數據來源：各信託公司 2015 年年報

從央企類信託公司股權投資收益分布圖可知，由於 2015 年的中國 A 股牛市，央企背景的信託公司的投資標的收益中，券商一馬當先，收益達近 40 億元，隨後依次是基金管理、信託、銀行，說明傳統金融板塊的收益占比依然比較高。不過緊隨其後的基金管理公司、資產管理公司、財富管理公司在不少信託公司的投資標的範圍內，並且有種類多，數量多的趨勢。這也印證信託公司在股權投資方面尋求轉型，大力發展專業子公司。

（4）控股情況。

從央企背景信託公司持股 50%以上的投資標的行業劃分來看，基金管理公司數量最多，達到 4 家，投資管理公司 1 家，物管公司 1 家。一方面，銀行、券商、信託等機構資本規模大，不容易實現絕對控股；另一方面，信託公司根據自身業務發展需要，也需要控股基金類公司，達到拓展業務範圍的目的。具體控股分布如央企類信託公司股權投資控股分布表：

央企類信託公司股權投資控股分布表

信託公司	控股公司行業	被投資單位名稱	持股比例
華潤信託	投資管理-VC	深圳紅樹林創業投資有限公司	100.00%
中誠信託	物業管理	北京三僑物業管理有限責任公司	100.00%
中鐵信託	基金管理	寶盈基金管理有限公司	75.00%
華潤信託	其他	中糧成都沙河股權投資集合（2013-0995）	70.12%
國投泰康	基金管理	國投瑞銀基金管理有限公司	51.00%
華寶信託	基金管理	華寶興業基金管理有限公司	51.00%
華潤信託	基金管理	華潤元大基金管理有限公司	51.00%
中糧信託	投資管理	中糧農業產業基金管理有限責任公司	50.20%

數據來源：各信託公司2015年年報

案例分析——中誠信託的股權投資狀況

中誠信託股權投資分布表

信託公司	被投資單位名稱	投資比例	行業分布	投資收益（萬元）
中誠信託	嘉實基金管理有限公司	40.00%	基金管理	39,393.63
	國都證券有限責任公司	13.33%	券商	19,230.35
	北京三僑物業管理有限責任公司	100.00%	物業管理	-
	北京豐悅泰和股權投資合夥企業（有限合夥）	40.00%	投資管理	-16.57
	北京銀漢興業創業投資中心（有限合夥）	42.55%	投資管理	-334.7

數據來源：各信託公司2015年年報

在股權投資方面，中誠信託持有嘉實基金管理有限公司40%的股權，為中誠信託帶來了近4億元的投資收益。另外，也有國都證券近2億元的投資收益，雖然國都證券在證券行業排名不太靠前，但去年還是

獲得了不錯的收益。再次歸納，持有證券公司或基金管理公司的股權，2015 年為信託公司帶來了可觀的投資收益。

2. 地方國企背景的信託公司

地方國企更多的是依靠地方政府資源發展起來的企業，資源占用或者可利用的資源給信託公司帶來了機會。並且地方國企以及地方政府持股的信託公司數量是最多的，達到 28 家，其中 22 家參與自營股權投資。

從行業分布來看，依然是以基金、銀行、保險、券商為主。

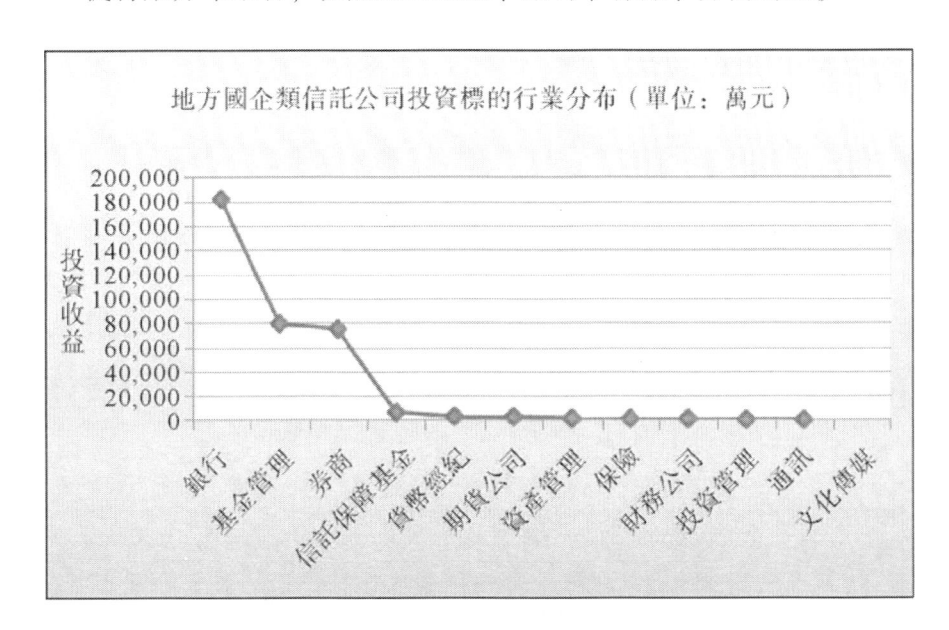

地方國企類信託公司投資標的行業分布圖

數據來源：各信託公司 2015 年年報

從地方國企類信託公司投資標的行業分布圖可以看出，和央企類信託不同，銀行成為地方國企類信託的主要收益來源。信託公司依託地方

資源入股不少地方性商業銀行，達到 7 家①。2015 年銀行收益穩定，利潤可觀，下表是 7 家信託公司投資銀行的具體情況。

地方性信託公司投資銀行列表

信託公司	被投資單位名稱	投資比例	2015 年投資損益（萬元）
北方信託	天津濱海農村商業銀行	3.70%	1,645.21
	天津津南村鎮商業銀行	6.67%	28.89
國聯信託	無錫農村商業銀行股份有限公司	10.00%	2,162
	江蘇宜興農村商業銀行股份有限公司	10.00%	862
吉林信託	九臺商業銀行	13.26%	6.122
	吉林銀行股份有限公司	1.42%	1
江蘇信託	江蘇銀行股份有限公司	8.76%	83,182.52
	江蘇民豐農村商業銀行股份有限公司	6.00%	540
	江蘇海門農村商業銀行股份有限公司	6.67%	500
山西信託	長治銀行股份有限公司	9.97%	1,711.64
中原信託	鄭州銀行股份有限公司	3.99%	17,454.80
	光大銀行股份有限公司	0.01%	90.59
	焦作中旅銀行股份有限公司	4.37%	0
重慶信託	重慶三峽銀行股份有限公司	34.79%	57,873.18
	合肥科技農村商業銀行股份有限公司	24.99%	15,667.51

數據來源：各信託公司 2015 年年報

由於地處直轄市，地區經濟發達，業務機會多，股權投資的金額較大，這部分信託公司中有幾家表現較為突出，如江蘇信託、重慶信託、中原信託。地方國企類型信託公司雖然在資金來源方面不如金融機構類

---

① 投資入股銀行的 7 家信託公司包括：北方信託、國聯信託、吉林信託、江蘇信託、山西信託、中原信託、重慶信託。

機構，在產業縱深和全國區域資源調配方面不如央企類信託公司，但依託地方政府或國企在地方區域較強的資源調控能力，在區域競爭力和地區項目承攬、承做方面有獨特的優勢。

3. 金融機構背景的信託公司

金融機構在風控、人才、資金成本上的先天優勢，是其他非金融機構背景信託公司所望塵莫及的。背靠金融機構的信託公司，由於其金融系統內強大的金融資源、成熟的管理經驗和豐富的協作支持，為提升信託公司的經營規模和經營業績奠定了良好的基礎。11家金融機構背景信託公司中除光大興隴信託、金谷信託、長城新盛信託3家外，其餘8家均參與自營股權投資。

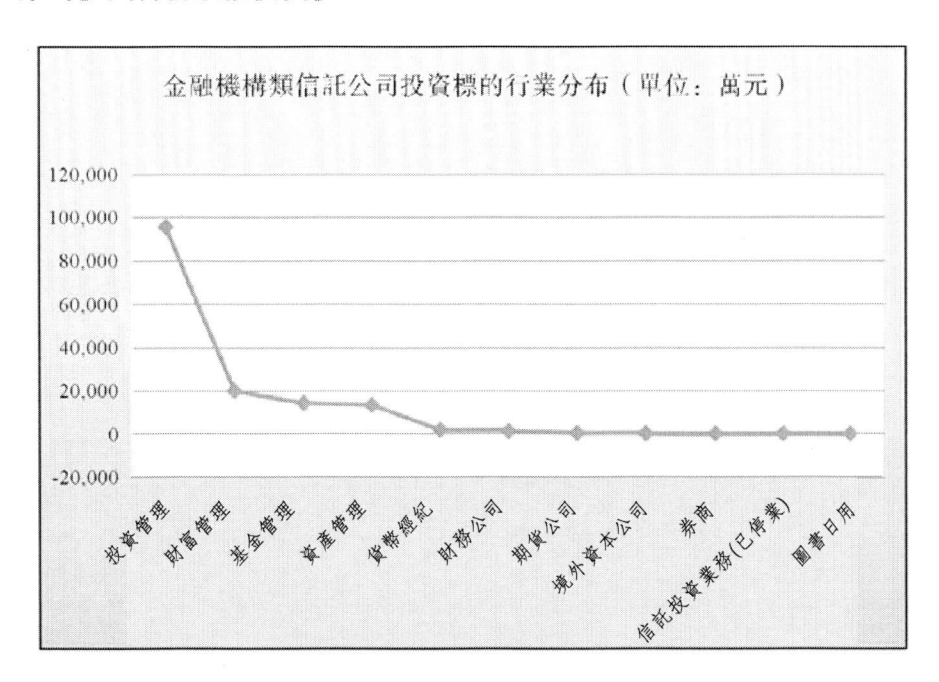

金融機構類信託公司投資標的行業分布

數據來源：各信託公司2015年年報

具體到銀行系信託公司，依賴於資金端與項目端的協同、成熟的風控體系等優勢，在近年來取得了快速的發展。2015年度，在營業收入

和淨利潤指標方面，7 家銀行系信託公司中有 4 家在行業前十名內；在信託資產規模方面，除剛剛被光大銀行收購的光大興隴信託外，另外 6 家銀行系信託公司均在行業前十名，其中中信信託和建信信託的信託資產規模均已超萬億。

平安信託、中信信託、建信信託的股權投資情況表

公司名稱	被投資單位名稱	投資比例	投資行業	投資損益（萬元）
平安信託	深圳市平安創新資本投資有限公司	100.00%	投資管理	79,500
	平安財富理財管理有限公司	100.00%	財富管理	19,639
	平安利順國際貨幣經紀有限責任公司	67.00%	貨幣經紀	1,742
	平安證券有限責任公司	55.66%	券商	0
	平安大華基金管理有限公司	60.70%	基金管理	0
中信信託	信誠基金管理有限公司	49.00%	基金管理	13,853
	中信信誠資產管理有限公司	45.00%	資產管理	12,171
	中信錦綉資本管理有限公司	40.00%	投資管理	142
	中信聚信（北京）資本管理有限公司	100.00%	投資管理	0.00
	中信信惠國際資本有限公司	100.00%	境外資本公司	0.00
建信信託	北京建信財富股權投資基金(有限合夥)	31.17%	投資管理	2,904
	茅臺建信（貴州）投資基金	13.33%	投資管理	445
	北京金石農業投資基金管理中心	33.00%	投資管理	218
	建信（北京）投資基金管理公司	100.00%	投資管理	0
	建信財富(北京)股權投資基金管理公司	80.00%	投資管理	0
	建信期貨有限責任公司	80.00%	期貨公司	0
	廣東國有企業重組發展基金	49.00%	投資管理	-99.75

數據來源：各信託公司 2015 年年報

案例分析——平安信託的股權投資情況

就平安信託而言，從年報披露的股權投資前五位來看，控股公司行業包含投資管理、證券、期貨、資管等金融各子行業公司。平安在中國金融集團中，以完全市場化和高效率著名，在混業的藍圖中也是全面覆蓋，相互協同。

但如果是以公司年報中納入公司合併會計報表的主要子公司來看，其子公司的行業除了金融類，還涉及實體企業。具體名單如下：

平安信託納入合併範圍的子公司清單

公司名稱	業務性質	註冊地	註冊資本/資金規模（萬元）	母公司所持有的權益性資本的比例	合併期間
平安商貿有限公司	商品貿易	廣東	100,000	52.43%	全年
平安期貨有限公司	期貨經紀	廣州	30,000	52.43%	全年
中國平安證券（香港）有限公司	證券業務	香港	20,000（萬港幣）	55.66%	全年
平安財智投資管理有限公司	股權投資	深圳	60,000	55.66%	全年
深圳市平安創新資本投資有限公司	投資控股	深圳	400,000	100.00%	全年
平安大華基金管理有限公司	基金投資	深圳	30,000	60.70%	全年
平安磐海資本有限責任公司	資產管理、投資諮詢、投資管理	深圳	100,000	55.66%	全年
平安財富理財管理有限公司	財富管理	上海	5,000	100.00%	全年
上海平浦投資有限公司	實業投資、投資管理	上海	433,050	100.00%	全年
平安證券有限責任公司	證券投資和經紀	深圳	857,395	55.66%	全年

(續表)

公司名稱	業務性質	註冊地	註冊資本/資金規模（萬元）	母公司所持有的權益性資本的比例	合併期間
上海家化（集團）有限公司	日用化學藥品及原輔材料，包裝容器等	上海	26,826	100.00%	全年
上海家化聯合股份有限公司	化妝品和日用化學品的開發，生產	上海	67,403	27.79%	全年
三亞家化旅業有限公司	旅遊業	三亞	24,000	56.95%	全年
上海家化銷售有限公司	商業	上海	22,000	27.79%	全年
上海佰草集化妝品有限公司	商業	上海	20,016	27.79%	全年
上海家化實業管理有限公司	投資業	上海	11,000	27.79%	全年

數據來源：各信託公司 2015 年年報

平安商貿、上海家化等公司都是實體企業公司，可以看出平安信託的股權投資範圍較大，這是與其他信託公司的不同。一方面平安集團在金融行業的部署已經很完善了，另一方面私募股權投資是平安信託的四大業務板塊①之一。

4. 民營企業背景的信託公司

民營企業背景的信託公司是市場化程度最高的，其沒有政府的隱性擔保，能調用的資源也是依靠自身發展起來的，其最大的優勢在於機制的靈活性。

目前有 10 家信託公司的控股股東是民營企業，其中僅 4 家參與自

---

① 平安信託的四大業務板塊是：私人財富管理（零售）、私募投行和機構資產管理（對公）、金融同業（同業）、私募股權投資（PE）。

營股權投資。特別是近幾年新重組的信託公司，都以民營資本進入，包括民生信託、萬向信託等。由於信託牌照的稀缺性和信託業近年的快速發展，民營企業持有信託公司股權，一般是為了分享信託公司的製度紅利，獲取信託經營利潤。民營企業控股的信託公司，湧現出不少佼佼者，如四川信託；不少公司風格相對激進，如民生信託重組後第一年就達到了 400 億元的信託資產規模。

四川信託、新華信託股權投資情況表

信託公司	被投資單位名稱	投資比例	投資行業	2015 年投資損益（萬元）
四川信託	宏信證券有限責任公司	60.38%	券商	12,428
	四川川信物業管理有限責任公司	95.00%	物業管理	
新華信託	新華基金管理有限公司	35.31%	基金管理	5,885
	新華創新資本投資有限公司	100%	投資管理	

信託公司專業子公司——以中融信託為案例

所謂信託專業子公司，是指信託公司根據業務發展需要，通過採取控股或者參股方式設立的，從事特定領域信託相關業務或為信託公司提供特定服務的專業子公司。信託公司設立專業子公司的動機包括：信託行業轉型，提高專業運作能力，進行信託業務創新，隔離金融風險，提高客戶服務水平。

2014 年以來，信託行業轉型正式進入加快實施階段，作為信託公司轉型試點的戰略平臺和重要抓手的專業子公司也逐漸設立起來。目前，多家信託公司已設立專業子公司，包括中信信託，平安信託，中融信託，中誠信託，等等。專業子公司的業務範疇、營運模式、運載主體

呈現多元化，但主要集中在直投子公司①、基金子公司②、國際業務子公司③、財富管理子公司④四大領域。

下面，具體來分析一下中融信託的專業子公司模式：

中融信託的前五名股權投資情況表

信託公司	被投資單位名稱	投資比例	投資行業	投資損益（萬元）
中融信託	中國信託業保障基金	13.04%	信託保障基金	6,059.87
	新湖財富投資管理有限公司	18.46%	財富管理	3,825.42
	上海融歐股權基金管理有限公司	40.00%	投資管理	68.47
	深圳鏵融股權投資基金管理有限公司	49.00%	投資管理	-7.32
	北京指點無憂傳媒技術有限公司	25.00%	傳媒	-369.35

數據來源：各信託公司 2015 年年報

上表披露的是長期股權投資前五名的情況，其中一家為基金公司、一家為財富管理公司、兩家為投資管理公司、一家為傳媒技術公司。除了中國信託業保障基金外，其他四家參股公司都是專業化領域公司。而表中並沒有控股子公司的存在，原因在於年報裡披露的只有前五名自有資金股權投資情況，不能真正反應中融信託旗下子公司的公司股權結構

---

① 直投子公司是信託公司直接或間接控製，以私人股權投資為主營業務的機構，它是信託公司佈局投資型業務的戰略載體，主要以平安信託的平安創新資本投資公司、中融信託的中融鼎新資產管理公司、中信信託的中信聚信資本管理公司等機構為代表。

② 基金子公司是指部分信託公司基於展業需要和市場競爭需要，控股或參股公募基金公司，進而設立子公司開展類信託業務。

③ 國際業務子公司是指在中國香港等地設立的專門從事國際業務的子公司，目前中誠信託、中信信託、中融信託等機構均已在香港等地設立了子公司。

④ 財富管理子公司大部分是將原有財富管理團隊和分支機構從信託公司中剝離出來，控股或參股設立財富管理專業子公司，主要承擔產品銷售職能。

和公司主營業務。

如果想要完整地分析中融信託旗下專業子公司以及其治理結構，必須參考納入合併報表的子公司。見下方清單：

中融信託納入合併範圍的子公司清單

序號	名稱	業務性質	註冊地	註冊資本（萬元）	實際投資額（萬元）	母公司所持有的權益性資本的比例	合併期間
1	北京中融塾新投資管理有限公司	股權投資及資產管理	北京	100,000	10,000	100%	全年
2	上海隆山投資管理有限公司	股權投資及資產管理	上海	2,000	2,000	100%	全年
3	中融國際控股有限公司	資本管理	英屬維爾京群島	美元1,000萬	美元1,001萬	100%	全年
4	中融國際資本管理有限公司	資本管理	香港	港元9,451.10	港元9,451.11	100%	全年
5	上海瑞揚投資管理有限公司	股權投資及資產管理	上海	2,000	250	100%	全年
6	深圳中融寶晟資產管理有限公司	股權投資及資產管理	深圳	1,000	1,000	100%	全年
7	中融長河資本投資管理有限公司	股權投資及資產管理	上海	2,000	2,000	100%	全年
8	北京中融匯智人力資源有限公司	人力資源管理	北京	1,000	1,000	100%	全年
9	中融基金管理有限公司	基金管理	北京	30,000	30,000	51%	全年
10	中融（北京）資產管理有限公司	資產管理	北京	5,000	5,000	51%	全年
11	上海長昆投資管理有限公司	資產管理	上海	1,000	200	100%	2015.2
12	深圳中融融易通互聯網金融服務有限公司	資產管理	深圳	10,000	2,500	80%	2015.2
13	中融匯興資產管理有限公司	資產管理	北京	5,000		80%	2015.6

(續表)

序號	名稱	業務性質	註冊地	註冊資本（萬元）	實際投資額（萬元）	母公司所持有的權益性資本的比例	合併期間
14	中融國富投資管理有限公司	資產管理	深圳	10,000	750	80%	2015.6
15	中融大有商業保理有限公司	資產管理	上海	10,000	10,000	100%	2015.7
16	達孜中融鼎盛資產管理有限公司	資產管理	西藏	10,000		80%	2015.8
17	北京中融穩達資產管理有限公司	資產管理	北京	10,000		100%	2015.8
18	深圳中融絲路資產管理有限公司	資產管理	深圳	5,000	500	80%	2015.8
19	中融盛譽資產管理有限公司	資產管理	上海	10,000	500	80%	2015.10
20	中融匯今資產管理有限公司	資產管理	上海	10,000		80%	2015.11
21	中融鼎興資產管理有限公司	資產管理	上海	5,000		80%	2015.11
22	珺敦投資管理（上海）有限公司	資產管理	上海	5,000	500	80%	2015.11
23	中融億成資產管理有限公司	資產管理	上海	10,000	500	80%	2015.12
24	中融匯智金融服務（上海）有限公司	資產管理	上海	6,250		100%	2015.12
25	中融聚創資產管理有限公司	資產管理	深圳	5,000		80%	2015.12
26	中融掌運星資產管理有限公司	資產管理	北京	5,000	500	80%	2015.12
27	中融大有資本投資管理有限公司	資產管理	上海	10,000		80%	2015.12
28	北京中融恒春資本投資管理有限公司	資產管理	北京	10,000	500	80%	2015.12

數據來源：各信託公司 2015 年年報

中融信託在 2015 年加快了設立子公司的步伐，僅 2015 年一年就新設了 18 家新的專業子公司，並且業務性質全部為資產管理，其中 9 家註冊地在上海，4 家註冊地在北京，4 家註冊地在深圳，另有 1 家註冊地在西藏。截至 2015 年年末，專業子公司業務規模為 917.63 億元。

從上述相關圖表來看，中融信託設立了中融基金管理有限公司、中融智匯人力資源有限公司，中融國際資本管理有限公司（註冊地為中國香港）、中融國際控股有限公司（註冊地為英屬維爾京群島）、中融鼎新投資管理有限公司，同時還在北京、上海、深圳三地設立多家資產管理公司。下面我們來一一分析中融成立眾多子公司的業務模式和操作目的。

首先，中融鼎新作為中融信託戰略轉型而設立的專業資產管理子公司的控股平臺，擔當對各家資產管理子公司的股權管理職能。中融信託通過全資控股的中融鼎新平臺，設立了中融長河資本、中融匯智、上海隆山投資、中國國際資本等專業子公司，分別負責房地產併購、人力資源管理、股權投資及資產管理、境外資產管理等業務。另外，中融鼎新也直接參與直投業務，產品包括：①股權投資：中融鼎新-天獅系列基金。②新股投資：中融鼎新-射手系列基金。③定向增發：中融鼎新-金牛系列基金。④現金管理：中融鼎新-天平系列基金。⑤證券投資：中融鼎新-雙子系列基金。⑥新三板投資：中融鼎新-白羊系列基金。

其次，中融鼎新的平行公司有中融基金管理公司，新湖財富投資管理有限公司。與中融鼎新及其旗下的專業子公司進行業務互動與協同。

具體公司結構見中融信託投資結構圖：

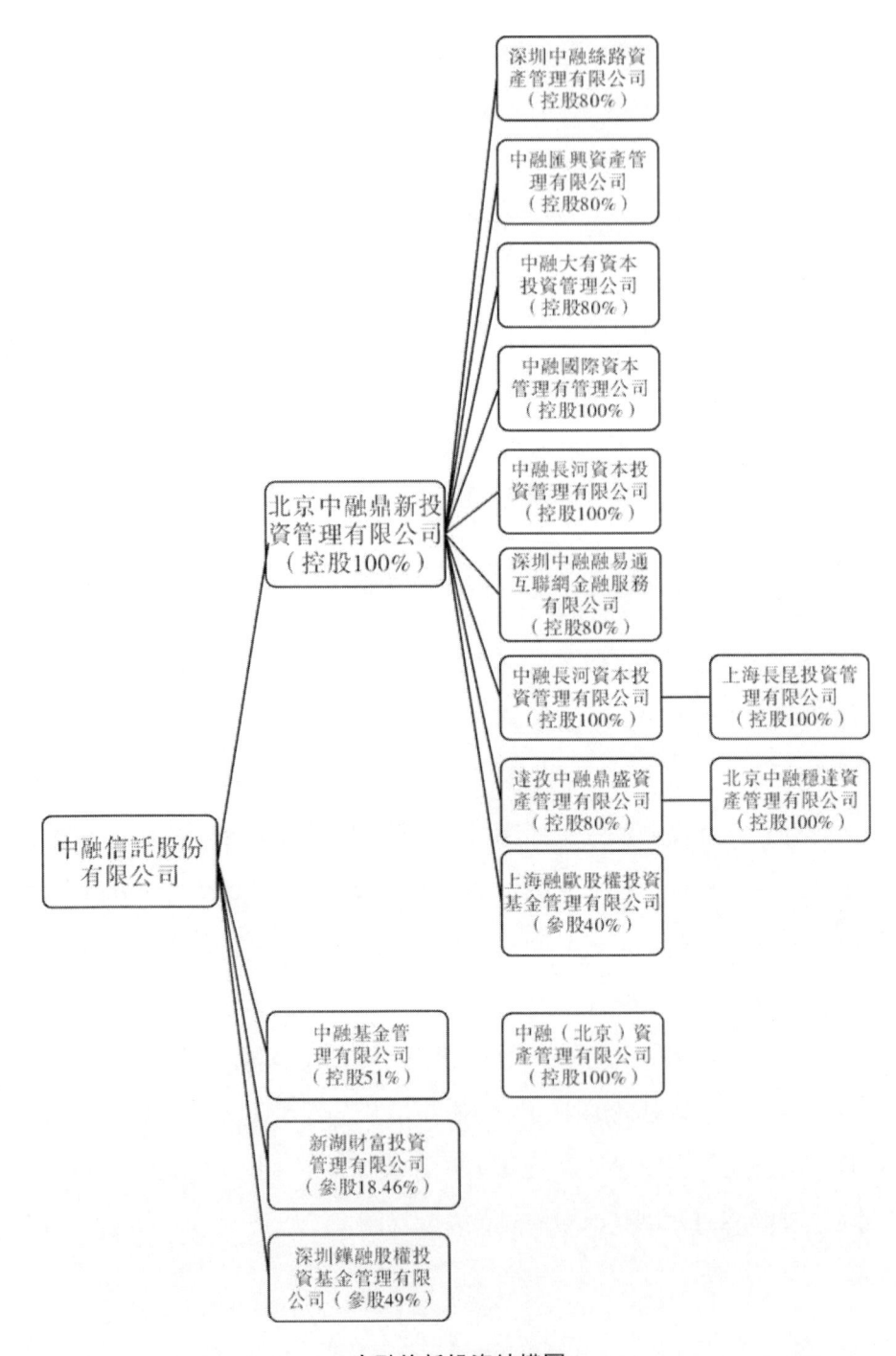

中融信託投資結構圖

```
中融信託股份有限公司
├── 北京中融鼎新投資管理有限公司（控股100%）
│   ├── 深圳中融絲路資產管理有限公司（控股80%）
│   ├── 中融匯興資產管理有限公司（控股80%）
│   ├── 中融大有資本投資管理公司（控股80%）
│   ├── 中融國際資本管理有管理公司（控股100%）
│   ├── 中融長河資本投資管理有限公司（控股100%）
│   ├── 深圳中融融易通互聯網金融服務有限公司（控股80%）
│   ├── 中融長河資本投資管理有限公司（控股100%）── 上海長昆投資管理有限公司（控股100%）
│   ├── 達孜中融鼎盛資產管理有限公司（控股80%）── 北京中融穩達資產管理有限公司（控股100%）
│   └── 上海融歐股權投資基金管理有限公司（參股40%）
├── 中融基金管理有限公司（控股51%）── 中融（北京）資產管理有限公司（控股100%）
├── 新湖財富投資管理有限公司（參股18.46%）
└── 深圳鏵融股權投資基金管理有限公司（參股49%）
```

中融信託投資結構圖

數據來源：全國工商企業信息查詢網

中融鼎新下設的公司都有自己的業務細分，專注於做某一個行業或行業細分領域的資產管理或私募基金產品。下面從可得到的公開資料來歸納中融專業子公司的細分領域。

中融信託專業子公司投資領域表

專業子公司名稱	細分行業
中融匯興資產管理有限公司	影視產業和演唱會產業
中融盛譽資產管理有限公司	城市發展基金
孜縣鼎瑞資本投資有限公司	新三板投資基金
深圳中融融易通互聯網金融服務有限公司	互聯網金融、中融金服
中融絲路資產管理有限公司	資本市場業務、養老地產業務和傳統資產管理業務
中融長河資本	房地產併購
中融匯智	人力資源管理
珺敦投資管理（上海）有限公司，上海隆山投資，上海瑞揚投資管理有限公司，上海長昆投資管理有限公司	自貿區業務，境外資本市場投資
中融國際資本、中融國際控股	境外資產管理、跨境投融資業務
中融大有商業保理有限公司	商業保理業務
深圳前海中融海潤投資管理有限公司	境內資本市場業務、境外資本市場業務和資產併購及資產管理業務
中融國富投資管理有限公司，深圳中融寶晟資產管理有限公司，北京中融穩達資產管理有限公司	泛 PE 業務，側重併購業務
達孜中融鼎盛資產管理有限公司	西藏自治區註冊，有稅收方面的優惠

數據來源：各信託公司 2015 年年報

從中融信託專業子公司投資領域表看出，中融信託專業子公司在資本市場投資上主要有三個大方向。一是發展主動型定增業務，特別是新

三板定增，退出方面將與中融信託的併購基金產生協同效應；二是新興領域業務，特別是文娛產業和互聯網金融產業；三是併購，圍繞上市公司需求發起設立併購基金等。信託公司專業子公司的發展仍處於初創和摸索階段，相比其他金融機構，頂層監管政策缺位，通道業務占比比較大，業務成熟度和專業度相對滯後。雖然監管大力支持信託公司設立專業子公司拓展業務，但是當前針對信託公司設立子公司的具體政策仍然缺位。

三、對信託公司轉型升級的意義與潛在風險

（一）必要性

從宏觀方面來看，2016 年是全面建成小康社會決勝階段的開局之年，也是推進結構性改革的攻堅之年，對重塑未來中國經濟的發展至關重要。世界經濟深度調整、復甦乏力，對中國發展的影響不可低估，國內長期累積的矛盾和風險進一步顯現，經濟下行壓力加大。當前國家宏觀調控的主要著力點為把握穩增長與調整結構的平衡，即保持經濟運行在合理區間，同時著力加強供給側結構性改革，增強持續增長動力，深挖國內需求潛力，開拓更大發展空間。宏觀經濟政策將「穩增長」放在更加突出的位置，預計 2016 年經濟增長波動將不會太大。

從微觀上來看，經濟處於五期疊加的大環境下，信託公司也將面臨前所未有的挑戰。具體來說，社會整體融資需求下降，宏觀經濟結構失衡，信託金融風險事件大幅上升，更是讓以傳統私募投行業務為重要收入來源的信託行業雪上加霜。在此環境下，轉型升級成為 2016 年信託行業的主旋律，同時自有資金的股權投資越來越受到信託公司管理層的重視。

與此同時，監管層也意識到必須以新的思維和模式來考慮信託行業的未來發展。《中國銀監會辦公廳關於信託公司風險監管的指導意見》

（銀監辦發〔2014〕99號）提出：「大力發展真正的股權投資，支持符合條件的信託公司設立直接投資專業子公司。鼓勵開展併購業務，積極參與企業併購重組，推動產業轉型。」2015年4月，銀監會發布了《信託公司條例（徵求意見稿）》：「根據業務發展需要，信託公司可以申請設立全資專業子公司、信託公司專業子公司的經營範圍、設立條件和程序有國務院銀行業監督管理機構制定。信託公司對專業子公司實行並表管理，履行勤勉盡責管理義務，對專業子公司的經營管理活動依法承擔相應責任。」雖然專業子公司的設立和監管規範有待銀監會出抬具體的規範，但這些文件明確了信託公司可以設立專業子公司。

一方面，隨著未來金融綜合經營的破冰，完善的金融產業鏈條將成為信託同業競爭的關鍵，單獨業態的信託公司極難取得競爭優勢；另一方面，信託公司通過設立專業子公司，可以實現業務專業化、產品專業化和客戶專業化，同時還可以對信託公司自身的業務形成互補。此外，自營資金的股權投資收入也可以分散信託業務的經營風險。

（二）主要優勢

結合以上，信託公司自營股權投資的主要優勢在於：

1. 形成金融混業，增加公司利潤

利用自有資金股權投資構建全金融產業鏈，進行金融混業經營，各板塊業務可相互協同和支持。通過構建包含銀行、證券、保險等多種金融機構的金融產業鏈，信託公司可以充分利用金融控股平臺，發揮信託整合資源的製度優勢，進行金融產業鏈的聯動創新，從而強有力地促進信託業務。

同時，金融各子行業存在週期性，銀行、信託、證券、基金、保險等多個板塊存在輪動效益，通過自有資金進行金融股權投資，信託公司可分享其他金融子行業的經營利潤，並分散經營風險。

2. 子公司業務專業化，自負盈虧，隔離風險

子公司可以隔離經營風險，同時增強核心競爭力，使其在各自領域更專業地服務客戶，並提高子行業的品牌效益。專業子公司可以通過規模經濟優勢、特殊政策優惠以及規避監管等方式來節省業務成本。各子公司自主經營，自負盈虧，在各自行業或專業內深耕細作，為客戶提供不同的專業服務。同時，各子公司風險自擔，有效地將經營風險隔離。

例如平安信託旗下有期貨公司、旅遊公司、商貿公司、資產管理公司、財富管理公司，各自都負責一個專業領域。不僅分領域專業化業務，而且分區域，平安信託主要集中在上海、深圳開展金融類的各種業務，在三亞開展旅遊業務，在廣東開展貿易業務，在中國香港開展國際業務，等等。通過發揮地區產業優勢，集合自身金融全產業鏈的優勢，開展不同專業化業務，各領域同時發展。

3. 促進信託公司的轉型升級

在泛資管市場競爭下，信託公司現有牌照面臨「全而不強」的突出問題，缺乏專業化經營管理的能力和核心競爭力。未來的信託業會向專業化和差異化的方向發展，各家信託公司需要結合自己的資源、人才、經驗等因素，選擇適合自己的路徑和方向。在傳統業務拓展受限且風險增大的當下，通過設立專業子公司轉型成為業內多家信託公司的選擇。

從監管層的角度，2014 年下發的 99 號文明確提出，支持符合條件的信託公司設立直接投資專業子公司。該文件提出了對信託公司維護金融穩定大局的總體要求，並從風險防控、轉型方向、監管機制三個方面提出了指導意見。鑒於此，信託公司業務轉型迫在眉睫，而設立子公司則是題中之意。

(三) 潛在風險

信託公司的自營股權投資也會有一定的風險，包含法律及合規風

險、聲譽風險、道德風險等。無論是投資金融股權還是設立專業子公司，都面臨著法律和監管的各種限制，並且專業子公司的設立和監管規範還有待具體監管規定的出抬，因此進行自有資金的股權投資面臨著一定的法律及合規風險。聲譽風險是指由信託公司旗下的子公司或下屬機構經營、管理及其他行為或外部事件導致利益相關方對機構負面評價的風險；聲譽風險對信託公司市場價值的影響非常深遠，並且可能引發多種嚴重後果。道德風險是指控股子公司員工或者管理層在信息不對稱的情況下，採取以自身效用最大化的自私行為，侵占公司和客戶的利益，給子公司或總公司財產和信託財產帶來損失。

五、對信託公司的啟示

第一，信託公司要加強與參控股公司的業務協同。基金和資管公司可以在資本市場運作，進行一級、二級市場的投資或交易，並可以配合信託發行各類創新產品；銀行則可以拓展公司的營銷渠道，為公司提供低成本資金來源；而在引導民間資本進入實體經濟方面，信託和租賃公司有很大的合作空間。

第二，信託公司要加快構建完整金融產業鏈的步伐，積極尋找與公司發展密切相關的銀行、證券、保險等機構的股權。構建完整金融產業鏈主要有股權投資及新設創立兩個路徑，而在目前監管機構「分業經營、分業監管」的體制下，股權投資無疑是更好的選擇。以股權投資為紐帶，通過控股或參股國內、發展潛力大的銀行、證券、保險等金融機構，來打造較為完整的金融產業鏈，這樣既能有效地發揮分業經營體制下的風險隔離優勢，又能實現混業經營體制下的綜合經營優勢。

第三，根據信託公司的資源稟賦及創新業務的發展，考慮設置專業子公司進行專業化運作。

首先，要明確專業子公司的戰略定位，是作為公司的戰略轉型平臺①，還是資管通道平臺②或是創新業務平臺③。在短期內《信託公司條例》尚未出抬前，信託公司直接投資專業子公司尚缺乏明晰的政策支撐，監管審批難度較大，因此公司可以考慮發揮現有子公司優勢，搭建統一的股權投資平臺，在子公司層面靈活設立專業子公司，以搶占市場先機。

其次，要堅持市場化導向，從各家公司在特定業務領域設立專業子公司的情況來看，都強調「專而精」的戰略思路，以打造專業化團隊，建立與相關市場相匹配的激勵約束機制，吸引和調動優秀人才的創造力，才能取得較好的運作效果。

再次，要加強對專業子公司的戰略管控，在維護專業子公司獨立法人經營自主權的前提下，應根據專業子公司的不同類型、所屬領域的監管要求、經營管理水平、戰略定位等不同情況，建立適當的管控模式。

最後，也需要注意相關風險，金融混業往往導致風險的傳導槓桿加大，特別是遇到不可抗的系統風險時，子公司往往會將風險傳遞給母公司。所以信託公司在自營股權投資的同時，要時刻注意防範隔絕旗下公司的經營風險，對沒有達到監管要求的業務要特別關注。在把握全局的情況下，對各個子公司的風險進行有效管理。

註：該文章的相關資料來自中融信託、中誠信託、中鐵信託、華潤信託、平安信託等信託公司 2015 年年報。

---

① 子公司作為信託公司轉型的戰略性載體，致力於打造行業專業化業務團隊和運作基礎，佈局新型投資業務，與信託傳統業務差異化並行，最終成為獨立發展、自主營運的品牌實體和利潤中心。

② 子公司通過發揮差異化的監管製度優勢，為傳統信託業務提供內部通道服務，或以此平臺開展「類信託業務」，為傳統業務領域開闢新的發展路徑。

③ 基於專業化運作目的，在財富管理、國際化業務、互聯網業務等金融產業鏈環節做實做精，構建專業化子公司實體，其核心戰略定位是開展創新型業務。

附录：

各信托公司前五名自营长期股权投资情况一览表（共50家）

信托公司	第一名长期股权投资 被投资单位	持股比例	第二名长期股权投资 被投资单位	持股比例	第三名长期股权投资 被投资单位	持股比例	第四名长期股权投资 被投资单位	持股比例	第五名长期股权投资 被投资单位	持股比例
平安信托	深圳市平安创新资本投资有限公司	100.00%	平安证券有限责任公司	55.66%	平安大华基金管理有限公司	60.70%	平安财富理财管理有限公司	100.00%	平安利顺国际货币经纪有限责任公司	67.00%
中信信托	中信聚信（北京）资本管理有限公司	100.00%	信诚基金管理有限公司	49.00%	中信诚基金管理有限公司	45.00%	中信锦绣资本管理有限公司	40.00%	中信信惠国际资本有限公司	100.00%
中融信托	中国信托业保障基金	13.04%	新湖财富投资管理有限公司	18.46%	北京掠点无忧传媒技术有限公司	25.00%	深圳钟融股权投资基金管理有限公司	49.00%	上海融欧股权投资管理有限公司	40.00%
华润信托	国信证券股份有限公司	25.15%	华润元大基金管理有限公司	51.00%	深圳红树林创业投资有限公司	100.00%	中粮成都沙河股权投资集合（2013-0995）	70.12%		
重庆信托	重庆三峡银行股份有限公司	34.79%	合肥科技农村商业银行股份有限公司	24.99%	中国信托业保障基金有限责任公司	13.40%	益民基金管理有限公司	49.00%		
上海信托	上投摩根基金管理有限公司	51.00%	上海国利货币经纪有限公司	67.00%	上海资产管理有限公司	100.00%				
四川信托	宏信证券有限责任公司	60.38%	四川信托物业管理有限责任公司	95.00%						
中江信托	国盛证券有限责任公司	58.01%								
兴业信托	兴业期货有限公司	92.20%	重庆机电集团财务有限公司	19.00%	兴业国信资产管理有限公司	100.00%				
长安信托	长安基金管理有限公司	29.63%								

表（續1）

信託公司	第一名長期股權投資 被投資單位	持股比例	第二名長期股權投資 被投資單位	持股比例	第三名長期股權投資 被投資單位	持股比例	第四名長期股權投資 被投資單位	持股比例	第五名長期股權投資 被投資單位	持股比例
中誠信託	嘉實基金管理有限公司	40.00%	國都證券有限責任公司	13.33%	北京三僑物業管理有限責任公司	100.00%	北京豐悅泰利股權投資合夥企業（有限合夥）	40.00%	北京銀漢興業創業投資中心（有限合夥）	42.55%
中鐵信託	中國信託業保障基金有限責任公司	4.35%	嘉盈基金管理有限公司	75%	富滇銀行股份有限公司	1.05%	中鐵金控融資租賃有限公司	25%	上海中勝達資產管理有限公司	30%
華信信託	大通證券股份有限公司	28%	丹東銀行股份有限公司	19.79%						
華寶信託	華寶興業基金管理有限公司	51.00%	華寶證券有限責任公司	16.93%						
國投泰康信託	國投瑞銀基金管理有限公司	51.00%								
外貿信託	冠通期貨經紀有限公司	48.72%	諾安基金管理公司	40.00%	寶盈基金管理公司	25.00%				
五礦信託	中國信託業保障基金有限公司	4.35%								
建信信託	建信（北京）投資基金管理有限公司	100.00%	建信財富（北京）股權投資基金管理有限公司	80.00%	北京建信股權投資基金	45.25%	北京建信財富股權投資（有限合夥）	31.17%	北京金石農業投資基金管理中心	33.00%
中航信託	天風證券股份有限公司	8.70%	天風證券股份有限公司	4.29%	南昌農村商業銀行股份有限公司	4.91%	新餘農村商業銀行股份有限公司	4.42%	景德鎮農村商業銀行股份有限公司	8.25%
北京信託	天津津京文化傳媒發展有限公司	49.00%	中合（供銷）股權投資基金管理有限公司	40.00%	天津眾創資管有限公司	40.00%				

表（续2）

信託公司	第一名長期股權投資		第二名長期股權投資		第三名長期股權投資		第四名長期股權投資		第五名長期股權投資	
	被投資單位	持股比例	被投資單位	持股比例	被投資單位	持股比例	被投資單位	持股比例	被投資單位	持股比例
山東信託	泰信基金管理有限公司	45.00%	山東魯信資產管理諮詢有限公司	40.00%						
中原信託	長城基金管理有限公司	17.65%	焦作中旅銀行股份有限公司	4.37%	鄭州銀行股份有限公司	3.99%	光大銀行股份有限公司	0.01%		
百瑞信託	鄭州銀行股份有限公司	3.17%	廣發信德（珠海）醫藥產業投資中心（有限合夥）	16.86%	鄭州百瑞創新資本創業投資有限公司	48.00%	中金佳盟（天津）股權投資基金合夥企業（有限合夥）	16.43%	河南汴京農村商業銀行股份有限公司	8.00%
華融信託	新疆金新信託投資股份有限公司	0.90%								
江蘇信託	江蘇銀行股份有限公司	8.76%	江蘇國投蘇盈創業投資中心（有限合夥）	19.99%	利安人壽保險股份有限公司	4.98%	江蘇民豐農村商業銀行股份有限公司	6.00%	江蘇海門農村商業銀行股份有限公司	6.67%
中海信託	中海基金管理有限公司	41.59%	國聯期貨股份有限公司	39%	四川信託有限公司	30.25%				
中信建投	國泰元鑫資產管理有限公司	30.00%	建投書店（上海）有限公司	13.33%						
昆侖信託	國聯產業投資基金管理（北京）有限公司	20.83%								
交銀信託	中國航油集團財務有限公司	10.00%	陝西煤化工集團財務有限公司	10.00%	交銀國信資產管理有限公司	100.00%				
國元信託	國元證券股份有限公司	15.47%	金信基金管理有限公司	31.00%						

表（續3）

信託公司	第一名長期股權投資 被投資單位	持股比例	第二名長期股權投資 被投資單位	持股比例	第三名長期股權投資 被投資單位	持股比例	第四名長期股權投資 被投資單位	持股比例	第五名長期股權投資 被投資單位	持股比例
英大信託	英大基金管理有限公司	49.00%	英大期貨有限責任公司	23.00%	英大證券有限責任公司	3.33%	山東陽谷電纜股份有限公司	11.32%	山東玉柴集團股份有限公司	1.08%
北方信託	天津濱海農村商業銀行	3.70%	渤海財產保險股份有限公司	8.00%	長城基金管理有限公司	17.65%	天津泰達科技風險投資股份有限公司	3.82%	長城嘉信資產管理有限公司	22.00%
天津信託	天弘基金管理有限公司	16.80%								
新華信託	新華創新資本投資有限公司	100%	新華基金管理有限公司	35.31%						
粵財信託	易方達基金管理有限公司	25.00%	眾誠汽車保險股份有限公司	15.00%	珠江人壽保險股份有限公司	2.86%				
建信信託	天堂硅谷領嘉投資合夥企業（有限合夥）	17.46%	柏瑞愛建資產管理（上海）有限公司	38.00%	上海正浩資產管理有限公司	12.75%	天安保險股份有限公司	0.33%	上海匯付互聯網金融信息創業股權投資中心（有限合夥）	6.45%
蘇州信託	蘇州蘇信元和股權投資有限公司	42.86%								
廈門信託	廈門華夏國際電力發展有限公司	20.00%	國信永豐基金管理有限公司	20.00%						
國民信託	匯豐人壽保險有限公司	50.00%								
吉林信託	九臺商業銀行	13.26%	中融人壽保險	16.00%	吉林銀行股份有限公司	1.42%				

表(續4)

信託公司	第一名長期股權投資		第二名長期股權投資		第三名長期股權投資		第四名長期股權投資		第五名長期股權投資	
	被投資單位	持股比例	被投資單位	持股比例	被投資單位	持股比例	被投資單位	持股比例	被投資單位	持股比例
杭工商信託	浙江藍佳資產管理公司	100.00%	杭州迪佛通信股份有限公司	4.48%						
東莞信託	華聯期貨有限公司	44.00%								
湖南信託	湖南財信創業投資有限責任公司	40.00%								
中泰信託	大成基金管理有限公司	48%	杜邦財產保險股份有限公司	19.07%						
紫金信託	南京證券股份有限公司	0.35%								
國聯信託	國聯證券股份有限公司	20.51%	無錫農村商業銀行股份有限公司	10.00%	江蘇宜興農村商業銀行股份有限公司	10.00%	國聯財務有限責任公司	20.00%	無錫國聯資本管理有限公司	100.00%
中糧信託	中糧農業產業基金管理有限責任公司	50.20%								
西藏信託	嘉盛基金管理有限公司	30.69%								
山西信託	長治銀行股份有限公司	9.97%	匯豐晉信基金管理有限公司	51.00%						
華宸信託	華宸未來基金管理有限公司	40.00%								

信託公司創新業務發展研究報告
(2015—2016)

錢思澈[1]　朱曉林[2]

一、導言

　　信託公司發展的外部環境在近幾年發生了顯著的變化，這種變化主要體現在兩個方面：一是長期結構調整已成為國內經濟必經的一個過程，刺激的邊際效用遞減，強刺激需要轉化為強有力的改革；傳統行業產能過剩風險不斷暴露，深化改革的重點正式由以往注重需求側管理轉向注重供給側管理。二是監管日益嚴厲，自「58號」文下發後，穿透式管理等原則將被貫徹，針對信託業的信用風險、市場風險、操作風險等的監管將加強。在這樣的局面下，不確定、不穩定性因素增多，信託業的傳統業務——通道類、融資類、資金池業務等將逐漸停滯或萎縮，成功發掘新的盈利增長點將是信託公司在之後順利發展的關鍵，信託公司必須嚴格選擇業務新領域和業務新模式。

　　近期，68家信託公司陸續披露了2015年年度報告。從年報信息來看，信託行業正主動尋求轉型。筆者擬從創新業務的角度，分析信託公

---

[1] 錢思澈，中鐵信託研究發展部研發經理。
[2] 朱曉林，中鐵信託研究發展部研發經理。

司在創新業務方面的發展成果和今後的轉型方向，從而為公司的業務創新提供參考。

二、創新業務開展的總體情況

由於信託公司在創新業務的披露上有自行裁量的空間，因此，對創新業務進行詳細記載的信託公司年報共 44 份。根據不完全統計，每家信託公司的業務創新種類大多是 3~5 種。

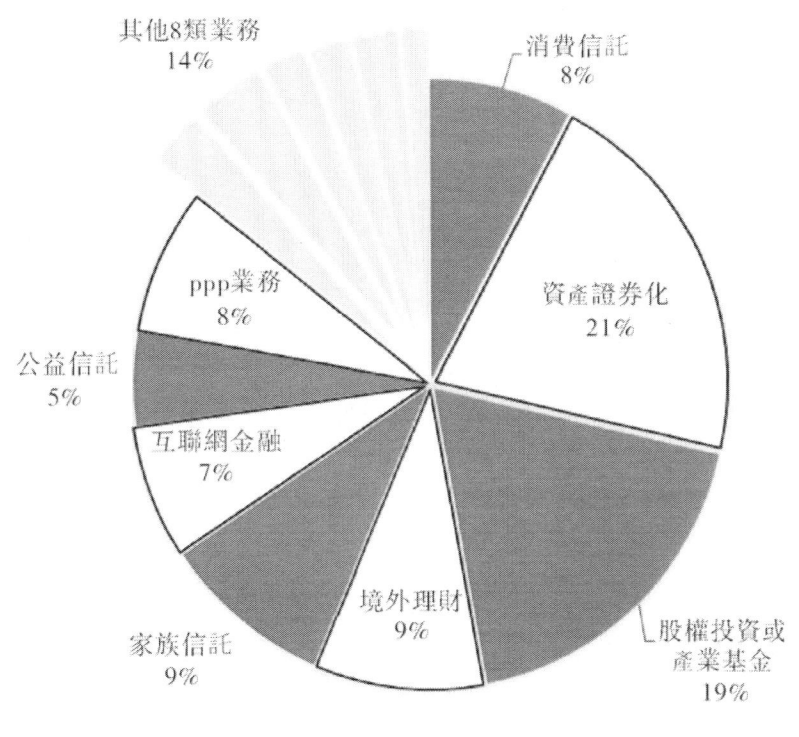

創新業務占比圖

- 其他8類業務 14%
- 消費信託 8%
- 資產證券化 21%
- 股權投資或產業基金 19%
- 境外理財 9%
- 家族信託 9%
- 互聯網金融 7%
- 公益信託 5%
- ppp業務 8%

資料來源：信託公司 2015 年度報告

根據每項創新業務方向的不同，筆者將創新業務的種類簡要分為 17 種：消費信託、資產證券化業務、股權投資、產業基金、境外理財、家族信託、互聯網金融、公益信託、PPP 業務、同業業務、土地信託、

員工持股、新三板集合、期貨業務、專業子公司、藝術品信託、節能減排。但其中，某些項目存在互相包含的情況，例如藝術品信託和家族信託、互聯網金融與消費信託等。根據創新業務的發展，這種分類方法還有待繼續改進。

參考創新業務占比圖，2015年所有創新業務中占比最高的是資產證券化業務和產業基金，兩種業務旗鼓相當，總共占據38%的份額；緊隨其後的是境外理財業務、家族信託、消費信託、PPP和互聯網信託，每種業務的佔有量都接近10%。這七大類總共占據了創新業務的79%，超過3/4，是大多數信託公司開展創新業務的首選。剩餘10種創新業務也有少部分信託公司開始籌備或已經涉足。以上分析就說明了兩方面的問題：一是創新業務的開展呈多元化趨勢，這也體現了信託製度的靈活性；二是信託公司需根據自身的資源稟賦進行有針對性的業務創新。

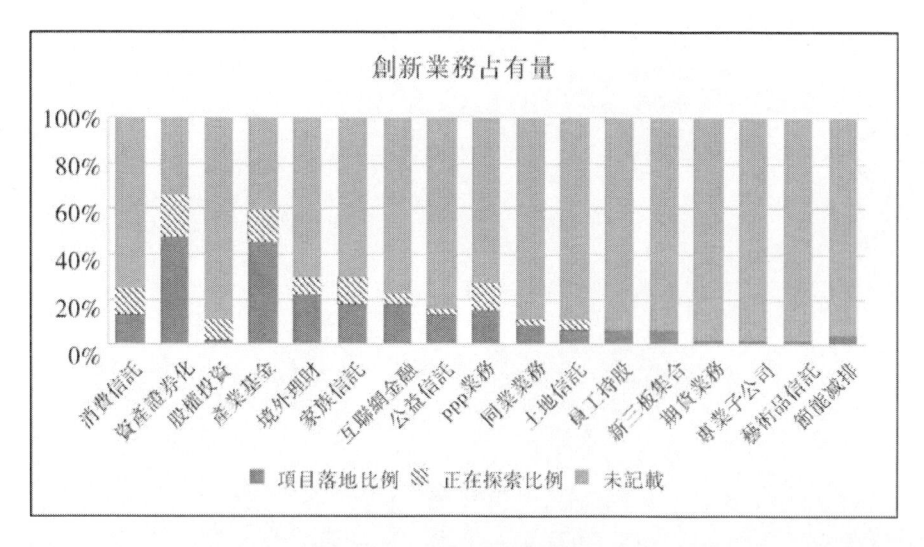

每項創新業務的佔有量圖

資料來源：信託公司2015年度報告

從每項業務的開展程度分析，也可以得出資產證券化業務和產業基金業務是最受信託公司重視的結論，納入統計的信託公司有超過一半已

開展或正在探索該兩項業務，分別達到了66%和59%，其中有項目正式落地的信託公司占比為48%和45%，都接近一半。相較之下，其他類型的業務遜色不少，家族信託、PPP、境外理財、消費信託、互聯網金融的開展及探索率超過20%，而開展其他業務的信託公司比例均較低。

三、重要創新業務簡析

(一) 資產證券化成為信託公司創新的主流

根據相關學者總結，國內資產證券化主要有三種模式，分別是人民銀行和銀監會主導的信貸資產證券化（簡稱信貸ABS）、證監會主導的企業資產證券化（簡稱企業ABS）和銀行間交易商協會主導的資產支持票據（ABN）。資產證券化作為金融創新的題中之意，是完善多層次資本市場的組成部分，是盤活存量資產、優化資產負債結構、提振商業模式的重要途徑，有利於增加市場流動性，支持實體經濟發展。

自2005年資產證券化試點啓動開始，經過十年的發展，2015年被稱為「資產證券化爆發元年」。在備案制、註冊制、試點規模擴容等利好政策的推動下，資產證券化市場發行日漸常態化，規模持續增長，流動性明顯提升，創新迭出，基礎資產類型持續豐富，並形成大類基礎資產產品。市場參與主體類型更加多樣，產品結構設計更加豐富。應該說資產證券化市場的「黃金時代」已經到來，大力發展資產證券化信託業務正當其時。

根據《行業發展報告》數據顯示，2015年全年共發行313單資產證券化產品，發行總規模6,080.90億元，同比增長88.3%。其中，信貸ABS發行107單，發行規模4,065.00億元，占比66.8%；企業ABS發行206單，發行額2,015.90億元，占比33.2%。

2015 年度資產證券化業務的主要創新情況

信託公司	產品簡介
中信信託	為房企提供低成本、長期限、標準化融資方面取得突破，作為項目主導方發行了以商業、物業租金債權為基礎資產的企業 ABS 業務。
中誠信託	首次介入小額貸款、消費信貸、信用卡分期應收款等新興基礎資產，2015 年先後發行資產證券化項目 5 個，規模 112 億元。
交銀信託	成功發行了「匯元 2015 年第一期信貸資產證券化信託資產支持證券」。該產品創新性地引入了境外擔保權貸款入池，標誌著國內外資銀行信貸資產證券化的正式破冰。 擔任受託機構、發行人及牽頭安排人的「交元 2015 年第一期信用卡分期資產支持證券」成功發行，為中國個人消費類資產證券化產品的市場首單。
上海信託	全面佈局公、私募市場；作為受託機構，發行國內首單以公積金個人住房貸款作為基礎資產支持證券產品，是有效盤活公積金貸款存量資產的成功實踐。
外貿信託	成功發行國內首單以棚戶區改造貸款為基礎資產的產品，也是國內首次通過註冊制發行的對公信貸資產的資產支持證券。
中糧信託	繼續鞏固汽車金融資產證券化市場地位，成功發行德寶天元 2015 年第一、二期汽車抵押貸款證券化信託，規模分別為 25.69 億元和 35 億元。
金谷信託	先後擔任中國銀行、國家開發銀行、中國進出口銀行及華商銀行等多家銀行信貸資產支持證券化項目的受託機構；2015 年，其信貸資產支持證券的發行規模位列行業第二。

資料來源：信託公司 2015 年度報告

在中國經濟結構轉型升級的背景下，資產證券化是增強資產流動性、降低融資成本、降低資產風險、增進資產負債管理效率的重要工具，是金融企業和實體企業轉型發展的有效選擇。2016 年，資產證券化市場將保持快速發展勢頭，向萬億級規模進軍。諸多變革也將產生——製度建設的不斷完善、市場流動性的繼續提升、不良資產證券化的啓動、跨境證券化產品的落地，這些變化將推動資產證券化市場的蓬勃

發展。

作為信託公司重要的創新業務，資產證券化是一個宏大的創新方向。目前證券化市場有諸多利好，例如，資產類型日益豐富、產品結構不斷創新、投資主體更加豐富、市場流動性逐漸增強、不良資產的證券化需求增大，這些都為信託公司獲得新的業務增長點創造了條件。信託公司依託靈活的製度優勢，通過提高專業化水平和主動管理能力可以在資產證券化市場獲得可觀的市場份額和盈利空間，從而將資產證券化業務作為公司轉型與發展的重要方向。

與此同時，目前國內的資產證券化業務在發展理念、監管邏輯、市場基礎設施建設以及投資者保護機制等方面還存在著一些不足，比如仲介機構的專業能力尚待持續提高、市場的微觀結構尚需製度完善、現金流披露還不足以支持投資者獨立判斷等，這需要信託公司在開展資產證券化業務時給予相當的重視。

(二) 產業基金是信託公司參與供給側改革的重要手段

近年來，越來越多的信託公司開始將產業基金列入公司未來的重要發展方向之一。產業基金，與證券投資基金相對應，是指一種對未上市個別產業或企業進行股權投資和提供經營管理服務的利益共享、風險共擔的集合投資製度，重點在於從事創業投資、企業重組投資和基礎設施投資等實業投資以追求長期收益為目標，是當前經濟社會產融結合的重要手段。中國國內的產業基金主要分為由發改委審批的專項產業基金和具有私募股權性質的產業投資基金兩類，前者注重對某一產業的區域整合，後者則以股權投資為目標，具有風投的屬性。

信託公司通過設立產業基金在某一產業領域內為股東提供金融支持或服務已經逐漸成為一種趨勢，信託公司的混業模式也豐富了產業基金的手段。例如，中糧信託結合其股東中糧集團的優勢，推出了農業產業

基金，幫助中糧集團完善其傳統業務領域的產業鏈金融；中信信託在山西省和河南省先後推出了煤炭產業基金和農業產業基金，可以充分發掘地區資源優勢，進而提升自身實力；百瑞信託和融和控股共同發起清潔能源投資基金，基金初期定位於支持中電投集團清潔能源項目。

2015 年度產業基金業務的主要創新情況表

信託公司	產品簡介
百瑞信託	2015 年百瑞信託的產業基金佈局進一步深化，贛南蘇區振興發展產業投資基金已得到國家發改委的批覆，基金總規模為 300 億元，公司產業基金板塊已有能力為偏遠地區提供金融支持；該基金的設立，將有效緩解贛州城市產業發展和基礎設施建設的資金瓶頸制約。
交銀信託	加強與當地政府及行業龍頭企業的深度戰略合作，加快投資基金在基礎設施、混合所有制改革、產業投資等領域的應用和發展。於 2015 年成功中標湖北省長江經濟帶產業基金等項目，同時實現了「福建省興閩產業基金」「魯信資本投資基金」和「廣投發展股權投資基金」等多個投資基金項目的成功落地。
外貿信託	抓住節能環保領域發展機遇及行業併購投資機會，精選「北京大氣污染防止創業投資基金」並完成首期出資。該基金由國家發改委、北京市發改委、環保領域上市公司、業內領先企業代表共同發起，為外貿信託進入節能環保領域投資生態圈奠定堅實基礎。
粵財信託	通過合夥制基金支持自貿區建設。由公司發起信託計劃設立的珠海中交橫琴粵財綜合開發一號和二號投資合夥企業（有限合夥）分別向中交橫琴投資有限公司提供了 13.55 億元和 8.68 億元的資金支持，用於珠海市橫琴新區綜合開發項目。
山西信託	設立山西農業產業發展基金，帶動和引導社會資金投入「三農」領域。
英大信託	創新搭建清潔能源投融資平臺，正式成立清潔能源產業基金。

資料來源：信託公司 2015 年度報告

對於信託公司來說，目前經濟下行壓力加大，市場競爭增強，信託業轉型的壓力也持續增大，而資產管理領域將成為信託業務的重要創新點之一，參與設立產業基金也是信託公司從以融資平臺為主向以投資平臺為主轉型的表現。

在供給側改革的大背景下，隨著宏觀經濟發展動力逐步從產能擴張轉向產能結構優化，信託行業應將自身的投資領域積極轉向節能環保、綠色能源等新興產業，強化產融結合力度，讓金融真正為產業服務，深入產業尋找信託業發展新藍海。

（三）家族信託業務成為多家公司的戰略型業務

在信託公司傳統業務放緩、行業發展面臨拐點的情況下，家族信託業務成為各家信託公司嘗試財富轉型、迴歸信託本源的著力點。2016年發布的《福布斯：友邦中國高淨值人群壽險市場白皮書》表明，近年高淨值人群的財富觀念在發生改變，從過去「財富創造」和「財富增值」轉向「財富保全」和「財富傳承」，家族信託業務逐步受到國內各類金融機構的重視，信託公司也紛紛成立家族信託團隊和家族辦公室著手開展此類業務。

1. 家族信託的發展情況

家族信託的最早雛形是信託公司開始為客戶提供量身定制的財富管理解決方案，嘗試利用跨資產、跨市場、跨領域、跨地域的優勢為各類高淨值客戶提供專項的財富管理帳戶。2012年初平安信託誕生首單家族信託後，中信信託、外貿信託、北京信託、上海信託等信託公司相繼啓動家族信託業務，並根據自身資源優勢和特點形成了差異化的業務模式。

2015年度家族信託業務的主要創新情況表

信託公司	產品簡介
中信信託	2015年底，中信信託家族信託服務的客戶數量與受託資產規模在行業內均位居前列，推出了定制化（起點3,000萬元）與標準化（起點600萬元）兩大類綜合家族信託服務。 再次聯手信誠人壽，推出國內首項生存金信託服務，進一步完善「信託+保險」的服務方式，幫助高淨值客戶實現資產傳承與家族繁盛。
外貿信託	累計簽約170餘單，簽約規模達60億元。在資金類家族信託基礎上完成保險金信託、上市公司股權家族信託、養老信託、慈善和類慈善信託的開發、簽約和運行，為高淨值人士「家族財富綜合服務」提供一攬子解決方案。
中融信託	第一單家族信託項目已經正式簽約，並成立家族信託辦公室。發布國內首款標準化信託產品——承裔澤業標準化家族信託產品；該產品起點為1,000萬元人民幣，可以滿足客戶資產保護、子女教育、婚姻保障、退休贍養、財富傳承、全權委託多方面的需求。
上海信託	不斷完善家族信託服務網路，與知名機構建立戰略合作夥伴關係，努力為委託人在家族傳承和企業發展等方面提供專業化的服務。
山東信託	組建成立了專門的家族信託業務部，強化了產品設計過程的參與度和掌控力，優化製度流程，實現了家族信託業務自客戶接洽到投後管理的全流程規範化標準化操作，截至2015年年末家族信託業務合同總金額達到16.66億元。
中航信託	正式發布了「中航信託・新財道安心保障家族信託」，是一款針對客戶家族保障需求量身定制的家族保障信託產品，產品發布現場即成功開發20餘位家族企業創始人、繼承人客戶。
興業信託	成立家族信託辦公室，專業開展家族信託業務。
英大信託	成功設立首單家族信託產品。

資料來源：信託公司2015年度報告

2015年是「家族信託」在中國快速發展的一年，各信託公司都已經成立或準備成立家族辦公室和家族信託團隊，開始試水家族信託業務。對於家族信託業務的門檻，業內大多定位在1,000萬～3,000萬元不等，有些信託公司還根據標準化產品和私人定制產品設立了更加細分

的門檻標準。

以中信信託為例，其家族信託業務推出了「標準化」和「定制化」兩個品類。標準化家族信託產品是為了使國內更多客戶享受到家族信託的產品優勢，因此門檻較低，通過標準化的產品設計降低信託公司的事務管理成本。中信信託通過瞭解典型的家族信託需求來設計標準化家族信託產品，為了委託人信息、受益人信息、投資類型（積極性、穩健性、保守型）和分配方式（定期分配、特定分配）外，其他條款都是格式化的。

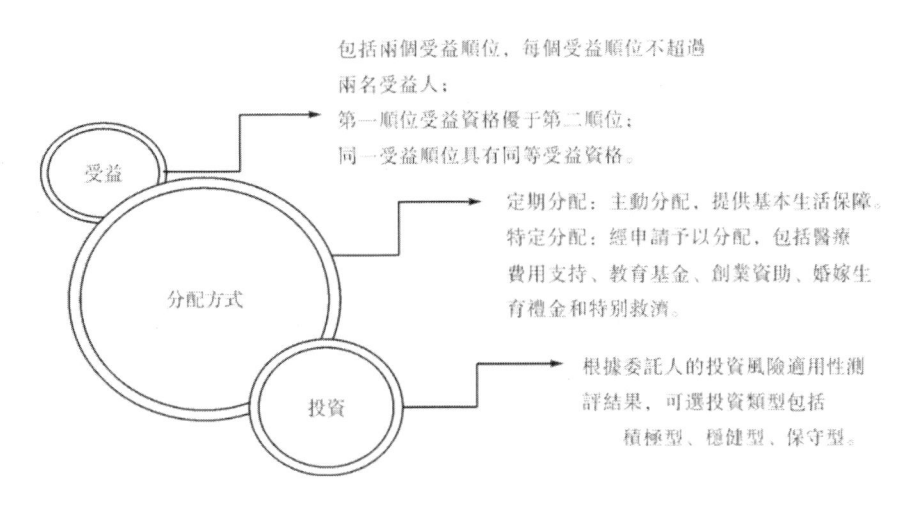

包括兩個受益順位，每個受益順位不超過兩名受益人；
第一順位受益資格優于第二順位；
同一受益順位具有同等受益資格。

定期分配：主動分配，提供基本生活保障。
特定分配：經申請予以分配，包括醫療費用支持、教育基金、創業資助、婚嫁生育禮金和特別救濟。

根據委託人的投資風險適用性測評結果，可選投資類型包括積極型、穩健型、保守型。

中信信託傳世系列家族信託介紹圖

資料來源：網路資料整理

中信信託定制化家族信託產品的門檻為3,000萬元以上，期限10年以上，客戶有任何意願，想對受益人有任何激勵或者限制都可以設計，比如鼓勵家族信託的受益人將資金用於教育、創業等方面，而受益人有違法、吸毒或虐待老人的傾向則受益金額將減少或取消受益人的資格等，都可以根據委託人的意願進行設計。

2. 家族信託的業務模式

目前國內的家族信託主要有四種模式。

第一種是信託公司主導模式。該模式主要由信託公司主導家族信託業務的客戶拓展和產品服務,信託公司提供的兩大主要功能分為財富傳承和資產配置。

第二種是「私人銀行+信託通道」模式。在該模式下,私人銀行部門主導的家族信託具備客戶優勢和渠道優勢,能夠在現有銀行金融產品的基礎上,提供增值服務,滿足銀行高端客戶的多元化需求。在整個家族信託交易結構中,信託公司處於事務管理服務的地位,主動管理作用體現不明顯,在一定程度上類似於「通道」作用。

第三種是私人銀行與信託合作模式。該模式是由銀行與信託公司形成戰略合作,在客戶需求分析、產品結構設計以及具體投資策略各取所長、共同管理信託資產。二者通過開展業務合作,能夠做到優勢互補、相互支撐,也是在當前市場環境下應用廣泛的業務模式。

第四種是保險公司與信託合作模式。根據一般定義:保險金信託是以保險金為信託資產,由委託人和信託機構簽訂合同的信託。當被保險人身故發生理賠或滿期時,保險公司將保險賠款或滿期保險金交付於受託人,由受託人依信託合同的約定管理、運用,或將信託財產分配給受益人,並於信託期間終止或到期時,交付剩餘資產給信託受益人。信託關係發生後,由信託機構設立保險基金帳戶,並按照委託人的意願可繼續被安排用以投資於保險。保險金信託產品兼具資產管理和事務管理功能,實現了保險服務和信託服務的融合,為中國日益增多的高淨值客戶提供了多元化財富管理手段。

3. 家族信託的未來發展

在中國目前的信託法、合同法、婚姻法和繼承法等法律法規基礎上,現金型的家族信託與國外家族信託在功能上別無二致。但由於信託登記製度和信託稅收製度尚未建立,股權或不動產等非現金型的家族信

託業務發展較為緩慢。

經過銀行、信託等機構對家族信託業務的營銷和拓展，國內的客戶已逐步瞭解和接受家族信託理念。未來，隨著信託登記製度和信託稅收製度的推出，家族信託將成為信託公司拓展業務的真正藍海，規模化發展希望較大。

與一般的投融資類信託產品不同，家族信託更多地體現出服務性質。也就是說，實現委託人的目的——完成資產的隔離保護，再按照委託人的意願進行傳承，這才是家族信託存在的根本理由。因此，家族信託的投資風格，必須是極度穩健的。不僅如此，由於與家族事務相關聯，因此家族信託在成立後的事務管理工作較多。儘管投資管理可能風險相對較低，但是營運管理和分配管理事務將相當繁瑣，既包括照顧受益人平時的基本生活，也要在醫療、教育、就業環節進行資金安排，頻繁地接收客戶的申請、表單、材料，然後進行資格驗證、估值、計算份額等後期的事務型管理工作，這就需要信託公司有良好的信息系統的支持。

（四）QDII 為國際化業務領域發展的主流

開展 QDII 業務，主要是直接投資境外證券市場不同風險層次的產品，以適應高淨值客戶境外資產配置需求。信託公司通過逐步探索，形成了各具特色的系列產品，比如中誠信託「誠信海外配置系列」受託境外理財產品、興業信託的海外精算新薈系列、中海信託的香港市場投資 1 號系列和華信信託的香港精選系列，主要投資於香港市場的 IPO 和香港股票。

據外管局的 2015 年數據顯示，全市場共有 132 家機構擁有 QDII 投資額度，2015 年沒有新增機構，總額度為 899.93 億美元。其中基金公司類 32 家，投資額度 285 億美元；保險公司類 41 家，投資額度 311.53

億美元；銀行類 30 家，投資額度 138.40 億美元；證券公司類 15 家，投資額度 87.50 億美元；信託公司 14 家，投資額度 77.50 億美元。

2015 年度國際化業務的主要創新情況表

信託公司	產品簡介
中誠信託	完成跨境全牌照佈局，截至 2015 年年末管理受託境外理財（QDII）產品 37 支，規模超過人民幣 100 億元；通過前海子公司平臺完成三單合格境內投資者境外投資（QDIE）業務。
華寶信託	成功發行了首單 QDII 集合信託計劃，推出員工海外持股計劃，保持在國際業務的領先優勢。
外貿信託	成功發行首單業內首單主動管理的淨值型權益類境外投資 QDII 信託，由外貿信託進行完全主動管理。
中海信託	成功設立了「中海-香港市場投資 1 號系列」產品，先後發行三期單一資金信託，投資於香港市場 IPO 或 H 股，還成立首只投資於中國建設銀行在倫敦交易所發行人民幣債券的 RQDII 產品和用於投資掛鉤中國建設銀行境外發行優先股的三倍槓桿票據的第二只 RQDII 產品。
交銀信託	成功設立了首單受託境外理財（QDII）產品「交銀國信匯博 1 號境外市場投資單一資金信託」，信託資金用於認購某證券公司在香港首次公開發行的 H 股。
上海信託	加快海外業務佈局，初步完成海外市場的架構搭建，並以 QDII 業務為基礎，為客戶提供國內、國外全市場資產配置。
興業信託	開展首單 QDII 信託業務—海外精選新晉系列 1-1 期單一資金信託計劃。並在此基礎上，形成海外精選新晉系列產品。

資料來源：信託公司 2015 年度報告

　　中誠信託完成跨境全牌照佈局，截至 2015 年年末管理受託境外理財（QDII）產品 37 支，規模超過人民幣 100 億元；通過前海子公司平臺完成三單合格境內投資者境外投資（QDIE）業務。

　　華寶信託成功發行了首單 QDII 集合信託計劃，推出員工海外持股計劃，保持在國際業務的領先優勢。

外貿信託成功發行首單業內首單主動管理的淨值型權益類境外投資 QDII 信託，由外貿信託進行完全主動管理。

中海信託成功設立了「中海-香港市場投資 1 號系列」產品，先後發行三期單一資金信託，投資於香港市場 IPO 或 H 股，還成立首只投資於中國建設銀行在倫敦交易所發行人民幣債券的 RQDII 產品和用於投資掛鈎中國建設銀行境外發行優先股的三倍槓桿票據的第二只 RQDII 產品。

交銀信託成功設立了首單受託境外理財（QDII）產品「交銀國信匯博 1 號境外市場投資單一資金信託」，信託資金用於認購某證券公司在香港首次公開發行的 H 股。

上海信託加快海外業務佈局，初步完成海外市場的架構搭建，並以 QDII 業務為基礎，為客戶提供國內、國外全市場資產配置。

興業信託開展首單 QDII 信託業務——海外精選新晉系列 1-1 期單一資金信託計劃。並在此基礎上，形成海外精選新晉系列產品。

根據《行業發展報告》所述：隨著信託公司國際化業務的快速發展，信託公司開展國際化業務的拓展方式已不僅限於主流的 QDII 業務，信託資金境外投資的形式拓展到 QDLP（合格境內有限合人）、QDIE（合格境內投資者境外投資）和人民幣國際投貸業務等。同時，部分信託公司通過設立境外子公司來申請相應的業務資質，並作為開展國際化業務的橋頭堡。

國內信託公司境外子公司的設立情況

信託公司	子公司	持股比例	主要業務	註冊資本
中融信託	中融國際資本管理有限公司（香港）	100%	證券投資諮詢、資產管理	1,916.26萬港元
	中融國際控股有限公司（英屬維爾京群島）	100%	資本管理	1,000萬港元
中誠信託	中誠國際資本有限公司（香港）	100%	資產管理、RQFII	8,167萬港元
	深圳前海中誠股權投資基金管理有限公司	100%	股權投資、QDIE	2,000萬元
中信信託	中信信惠國際資本有限公司（香港）	51%	證券投資諮詢、資產管理、RQFII、QDII	158,324萬元
	雲南聚信海榮股權投資管理有限責任公司	/	人民幣國際投貸	1,000萬元

資料來源：信託公司 2015 年度報告

　　近年來取得 QDII 資格的信託公司數量、行業總體獲批額度以及 QDII 業務餘額處於增長狀態。QDII 業務作為信託公司開展國際化業務最為成熟的領域，對信託公司吸納人才、累積經驗，開拓其他國際化業務有重要意義。因此未來信託公司應繼續深耕 QDII 業務，為機構客戶與高淨值客戶提供更加綜合性、多元化的服務。

　　目前，信託行業國際化業務主要集中在行業內一些國際化業務開展較早、專業化較高的公司，對信託公司營收貢獻度不高，所以目前有意向參與國際化業務的信託公司在行業內占比不高。未來隨著資管行業競爭的加劇，信託公司探索創新轉型發展，會逐步重視國際化業務並加大佈局，特別是有國際化業務板塊股東背景的信託公司將參與相關牌照和資格申請。隨著中國金融市場的雙向開放，人民幣國際化進程的穩步推進，國內企業全球化投融資需求和居民資產全球配置需求的持續增長，

未來信託公司國際化業務將繼續保持良好發展。

（五）消費信託市場前景廣闊

消費信託，簡單來講就是「理財+消費」，從投資者的角度來看是為消費而進行的投資理財，也是一種具備了金融屬性與產業屬性的消費產品。信託公司從消費者需求出發，通過發行信託理財產品，讓投資者購買信託產品的同時獲得消費權益，直接連接投資者和提供消費產品的產業方，從而將投資者的理財需求和消費需求整合起來，達到保護消費者消費、實現消費權益增值的目的。

從法律關係上，消費信託是對每一個委託人設立的單一指定型事務管理信託項目。信託公司作為受託人，根據委託人指令進行指定消費採購、權益保護等事務管理操作，在受託人的服務下，為委託人獲取高性價比的消費權益。消費信託是非投資類事務管理業務，資金運用方式不涉及投資，因此不受集合資金信託管理辦法對合格投資者金額、人數的要求限制。

從業務結構上，則是指通過信託關係下各交易方權利義務的再分配，實現對產品從生產商到終端消費者的整個交易過程（包括產品要素、交易方式、流通環節、權益保障）的權利義務關係的再造。

1. 消費信託的基本交易結構

以中信信託為例，中信信託依照委託人（即消費者）事務管理事項為其設立單一信託項目，委託人出資設立單一信託，信託項目與委託人指定的優質產業方合作獲得指定的消費權益，信託公司根據與優質產業方達成的整體服務安排進行後續委託人消費權益使用的全流程整體服務。

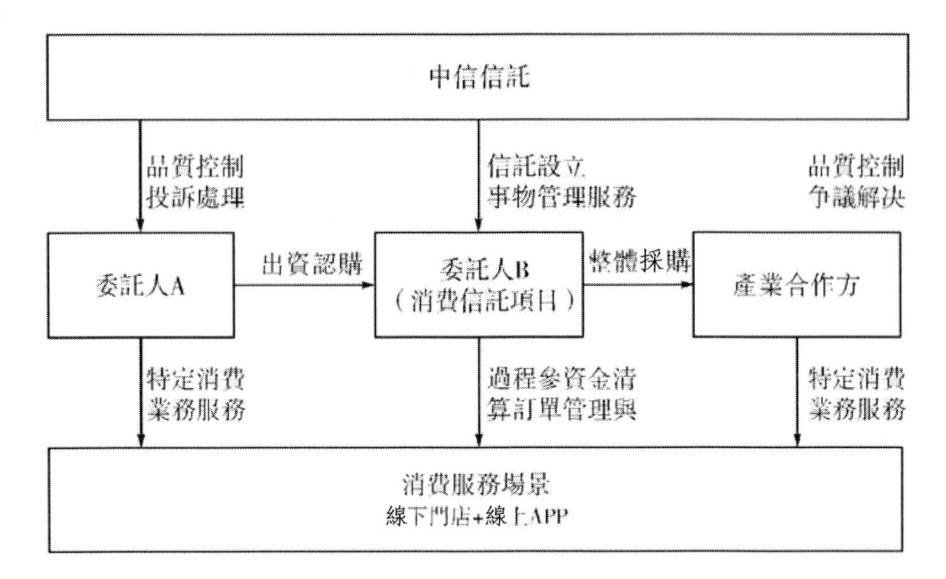

```
                    ┌─────────────────────────┐
                    │      中信信託           │
                    └─────────────────────────┘
          品質控制          信託設立           品質控制
          投訴處理          事物管理服務       爭議解決
     ┌────────┐  出資認購  ┌──────────┐ 整體採購 ┌──────────┐
     │ 委託人A │──────────→│ 委託人B   │────────→│ 產業合作方│
     │        │            │(消費信託項目)│        │          │
     └────────┘            └──────────┘         └──────────┘
      特定消費              過程參資金清          特定消費
      業務服務              算訂單管理與          業務服務
          ↓                     ↓                    ↓
     ┌────────────────────────────────────────────────────┐
     │           消費服務場景                              │
     │           線下門店+線上APP                          │
     └────────────────────────────────────────────────────┘
```

消費信託的基本交易結構圖

資料來源：用益信託網

　　消費信託包括了兩種基本模式，一是保證金模式，即保證金（約定期內）+消費權益；一是預付款模式，即預付款（可設置凍結期）+消費權益。

　　作為消費信託領域的先行者，中信信託從 2014 年開始推出多款消費信託產品，其中，業內首款消費信託產品為「中信‧消費信託嘉麗澤健康度假產品系列信託項目」。在該產品中，投資人與中信信託簽訂單一資金信託合同，成立信託計劃。單一信託項目的信託財產將根據委託人的指令向星語商業採購嘉麗澤健康度假產品。資金進入星語商業後，由其委託中信信誠資產管理有限公司設立專項資產管理計劃，對上述產品銷售資金進行管理。最後由中信信託根據信託合同的規定向委託人分配信託權益。

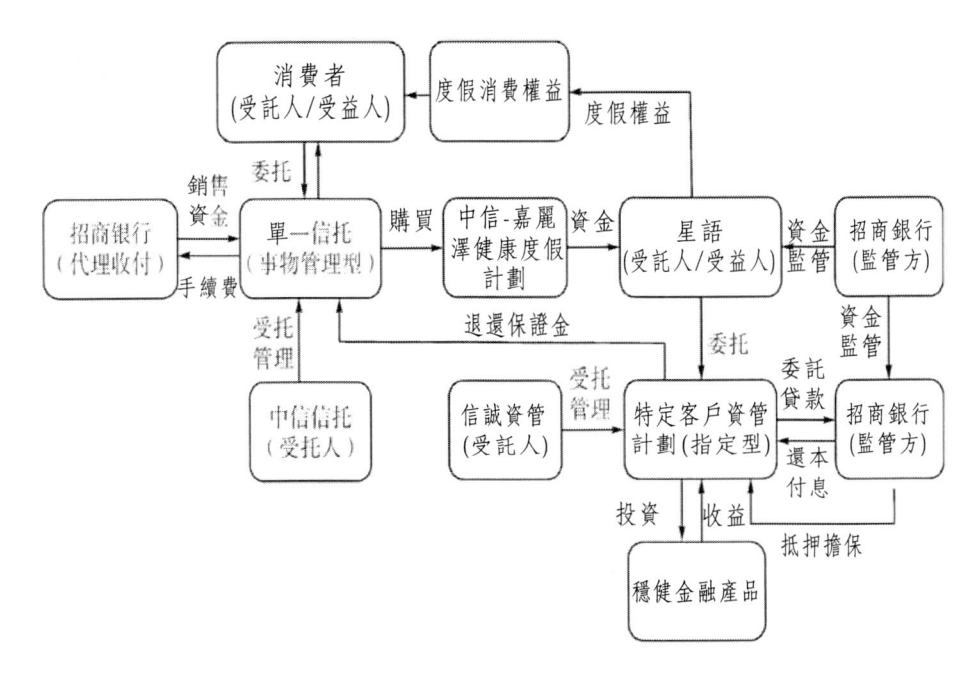

中信–嘉麗澤健康度假消費信託交易結構圖

資料來源：用益信託網

2. 消費信託業務的主要開展情況

隨著投資和出口後勁乏力，消費已成為拉動經濟增長的主要動力，隨著居民收入的逐漸增加，中國進入消費升級階段。多家信託公司抓住趨勢機會，利用信託製度優勢，在旅遊、教育、出行等多個領域探索開展消費信託業務，滿足居民消費的同時，提供多元化、多角度的綜合金融服務。

主要信託公司的消費信託開展情況表

信託公司	產品簡介
中信信託	醫療保養類：嘉麗澤國際健康島。 影視娛樂類：百發有戲。 旅遊類：海洋旅行包。 酒店居住類：一千零一夜。 養老類：中信和信居家養老。 鑽石消費信託：比利時塔斯鑽石現貨投資與收藏。 平臺搭建：與順豐、網易合資成立深圳中順易金融服務有限公司，共同開發以「我家金融」為載體的移動端互聯網平臺。同時，擬進一步戰略投資消費金融公司——北汽福田汽車金融服務公司，深度介入消費金融產業鏈。
外貿信託	依託「外貿信託積分寶集合財產信託計劃」。
百瑞信託	推出國內首支真正意義上的教育消費信託計劃——百瑞恒益 323 號教育消費信託計劃（伊頓遊學）。
中建投	推出首個主打「旅遊+投資」的郵輪旅遊消費信託。
紫金信託	「樂享 1 號」享受到前所未有的新體驗。

資料來源：信託公司 2015 年度報告

中信信託醫療保養類：嘉麗澤國際健康島。期限五年；客戶交付的資金一部分為保證金，到期後全額返還，另一部分作為會籍費一次性收取。

影視娛樂類：「百發有戲」。直接對接互聯網理財產品，主打「消費眾籌+電影+信託」理念，首期起購門檻為 10 元，認購者不僅可享受有關影片的消費特權，還有望獲得 8%～16% 權益回報；該項目嵌套了兩部分信託計劃：一個是單一事務管理類信託，集中管理消費權益；另一個是資金信託權益，集中管理認購資金。

旅遊類：海洋旅行包。價格 9,999 元（市場原價 2.1 萬元，客戶投

資回報率超過110％），含3款精品線路各一次的出行權益。

酒店居住類：一千零一夜。每份價格1,001元，期限為一年。其中的703元作為保證金，到期返還；298元作為會籍費，一年內可選擇在昆明、西雙版納、麗江、三亞四個旅遊城市入住精品度假酒店一夜。

養老類：中信和信居家養老。客戶存入1.1萬元、2.1萬元、3.1萬元，享受服務權益及理財收益雙收益；既可購買成都居家養老產品，一年內獲得低於市場價的居家養老服務；同時，期滿後本金返還，並獲得部分現金收益。

鑽石消費信託：比利時塔斯鑽石現貨投資與收藏。該項目兼具投資和收藏功能。

平臺搭建：與順豐、網易合資成立深圳中順易金融服務有限公司，共同開發以「我家金融」為載體的移動端互聯網平臺。同時，擬進一步戰略投資消費金融公司——北汽福田汽車金融服務公司，深度介入消費金融產業鏈。

外貿信託聚焦消費產生的焦虛擬資產的理財需求，與中國移動等積分企業及互聯網企業合作，共同推出針對個人積分的理財產品「兌啦寶」，依託「外貿信託積分寶集合財產信託計劃」，運用信託的方式將虛擬資產轉為金融產品。

百瑞信託推出國內首支真正意義上的教育消費信託計劃——百瑞恒益323號教育消費信託計劃（伊頓遊學），通過打通「理財」「消費」雙通道，較好地滿足了投資者信託理財和教育消費的雙重需求。

中建投推出首個主打「旅遊+投資」的郵輪旅遊消費信託。

紫金信託首單消費信託「樂享1號」順利落地，結合公司服務號「積分管理」功能，使受益人在獲得超值的消費權益的同時，還能享受到前所未有的「互聯網+消費+金融」新體驗。

3. 開展消費信託業務的意義

消費信託的核心優勢是同時為產業方、消費者創造福利，即在生產端為產業方提供新的資金，在消費端為消費者提供折扣優惠。

具體來說，消費信託可以在產業方與消費者之間直接建立聯繫，降低交易成本，同時由於消費信託帶有投資理財的性質，對產業方又形成了金融資產的機會。

而對於消費方，消費信託：一是幫助消費者識別和選擇更優質的商家和機構；二是利用「集中採購」的價格優勢獲取更高的性價比；三是通過信託機構等的監管，保證投資者消費權益的實現。

對產業方而言，一是實現了專業金融機構對產業方的增信，構建了一個金融化的銷售渠道；二是可利用客戶群大數據進行精準營銷、預知需求、以銷定產。

對信託公司而言，一是有助於更廣泛地獲取有效客戶，幫助信託公司挖掘出真正的高淨值客戶；二是可以增加存量客戶的黏度；三是消費信託作為事務管理類業務，風險低、業務模式可複製，有望成為信託公司新的業務增長方式。

4. 開展消費信託業務面臨的主要障礙

雖然消費信託涉及的領域可涵蓋社會的各個方面，但是其發展仍面臨著諸多困難。首先，消費信託業務普遍存在客單金額小、交易筆數多、交易頻繁的特點，對傳統信託銷售體系、登記結算體系均產生了巨大的挑戰，低客單價已經不足以覆蓋客戶經理對每一位小微客戶的直接服務成本。其次，在信託公司針對性地開發互聯網信息管理系統的同時，也會面臨銀行帳戶開立、資金清算帳戶、電子簽約效力等問題的制約，導致信託公司在消費信託業務的拓展上收到束縛。

根據中信信託等公司的業務實踐，消費信託業務作為連接消費者和

商家的直接橋樑，已經獲得了市場的高度認可；隨著消費市場容量持續增長及消費觀念轉型升級，消費信託業務具有廣闊的市場前景。信託公司需要抓住消費市場機會，加大對消費信託產品的開發、設計和營銷，同時還可以疊加養老保障等其他功能並提供相應的增值服務，以滿足客戶的多樣化需求。

（六）PPP模式成為政信業務改革的新選擇

自2014年9月起，中央多部委陸續發文鼓勵PPP項目的開展。PPP模式作為一種新型的投融資模式，正成為今後基礎設施建設領域的主要方式，也是國家實施穩增長戰略的主要抓手。多家信託公司開始積極進行政新業務的轉型，探索信託參與PPP的模式。

1. PPP業務的發展情況

2015年6月底，中信信託以PPP模式投資「2016唐山世界園藝博覽會基礎設施及配套項目」正式落地，為中國信託行業首單成功落地的PPP項目，為信託公司直接投資PPP項目進行了有益嘗試。該項目由政府和社會資本按照股權比例註資，成立專門項目公司，具體負責唐山世園會基礎設施項目建設和營運，特許經營期為15年，預計總投資33.63億元。其中政府投入項目公司的註冊資本為4.05億元，中信信託通過信託計劃出資6.08億元（預期收益率8%）註資項目公司，占項目公司股權的比重為60%，剩餘資金投入通過銀行貸款來解決，收益來源為項目收益及建設營運補貼。

PPP項目具有收益長期化、穩定化的特點，適合設計成資產證券化產品，通過恰當的結構化設計滿足不同風險偏好投資者的需求。多家信託公司借助於傳統政信業務累積的經驗，開始重點探索信託參與PPP的業務模式。例如，交銀信託成功中標了山東省PPP發展基金、四川省PPP項目產業投資引導基金，興業信託、英大信託、蘇州信託等信

託公司也均已開展 PPP 業務。

2. PPP 項目的選擇

根據財政部文件，採用 PPP 模式的項目都應具有價格調整機制相對靈活、市場化程度相對較高、投資規模相對較大、需求長期穩定等特點，主要為城市基礎設施及公共服務領域中定價機制透明、有穩定現金流的項目。從行業來看，主要集中在污水處理、軌道交通、供水供暖等以「使用者付費」為特徵的經營性項目。這類項目收益相對較高且較為穩定，吸引社會關注相對容易。PPP 項目初期推廣或將以軌道交通、污水垃圾處理、供水供電等適合市場化經營的項目為主。

對信託公司而言，選擇 PPP 項目應注重四個關鍵點。第一是應盡量選取政府付費和可行性缺口補助的 PPP 項目，使用者付費的項目屬於完全市場化運作，風險相對較高；第二是要考量政府的財政實力與信用等級，評估政府按時合規履行支付義務的能力和意願；第三是要考察合作夥伴的推行力度和執行能力；第四要明確評審和實施程序是否規範，規範的程序有利於 PPP 項目的順利開展。

3. PPP 項目的操作流程

PPP 模式的本質是一種融資模式，核心是政府部門與私人部門的合作過程中如何創造價值和實現雙方優勢互補。

PPP 項目的設計和運作過程中環節眾多，從項目識別、項目準備、到項目採購、項目執行和最後的項目移交，過程繁復，參與方眾多。

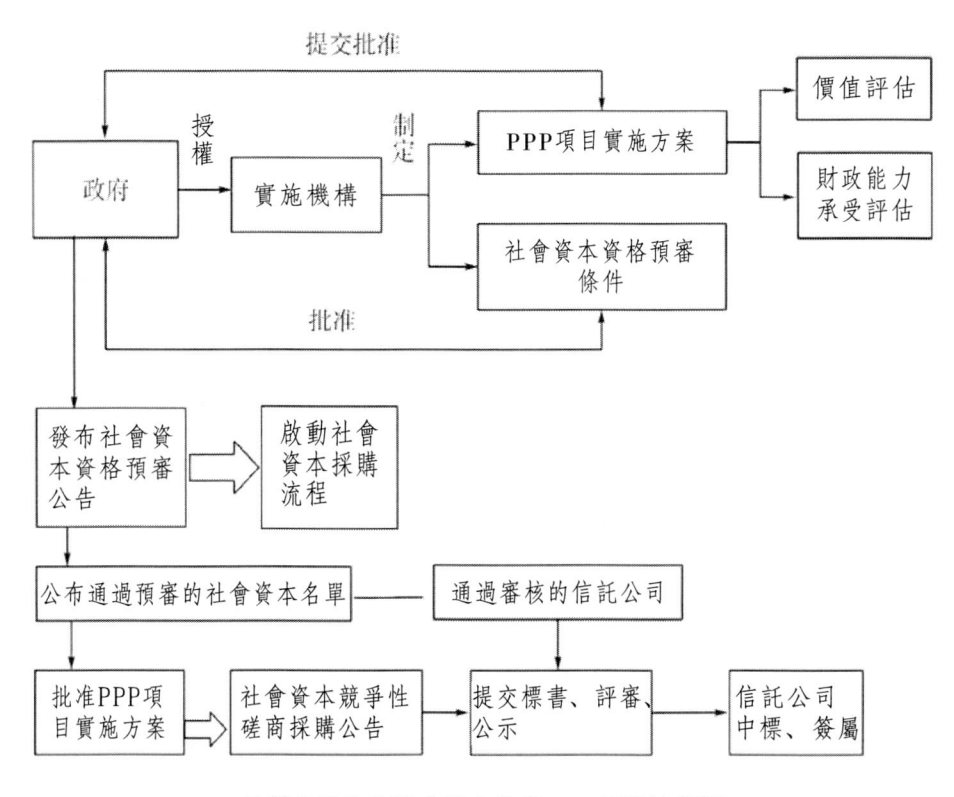

```
                        提交批准
         ┌──────────────────────────┐
         │                          │                  ┌──────────┐
         │    授                制  ┌──────────────┐──→│ 價值評估 │
         │    權              定   │PPP項目實施方案│   └──────────┘
    ┌────┴──┐     ┌────────┐────→ └──────────────┘   ┌──────────┐
    │ 政府  │────→│實施機構│                          │ 財政能力 │
    │       │     │        │────→┌──────────────┐──→│ 承受評估 │
    └───────┘     └────────┘     │社會資本資格預審│   └──────────┘
         ↑                        │     條件       │
         │         批准           └──────────────┘
         └──────────────────────────┘

    ┌────────────┐    ┌────────────┐
    │發布社會資  │    │啟動社會    │
    │本資格預審  │══→│資本採購    │
    │公告        │    │流程        │
    └────────────┘    └────────────┘
         │
         ↓
    ┌────────────────────────┐    ┌──────────────────┐
    │公布通過預審的社會資本名單│───│通過審核的信託公司│
    └────────────────────────┘    └──────────────────┘
         │
         ↓
    ┌──────────┐   ┌────────────┐   ┌──────────┐   ┌──────────┐
    │批准PPP項 │   │社會資本競爭性│   │提交標書、評審││信託公司  │
    │目實施方案│══→│磋商採購公告  │──│公示          │─→│中標、簽屬│
    └──────────┘   └────────────┘   └──────────┘   └──────────┘
```

信託公司作為社會資本參與 PPP 項目流程圖

資料來源：根據政府採購信息網、信託法律網等總結

　　信託公司作為社會資本參與 PPP 項目，涉及的流程，通過總結《慶春路過江隧道實踐》，呈現如下：

　　（1）政府向實施機構授權，隨後實施機構開始制訂 PPP 實施方案，並制定社會資本的預審條件。

　　（2）政府審批實施機構所提交的社會資本預審條件後，發布《社會資本資格預審公告》，正式啓動社會資本採購流程。計劃參與該 PPP 項目的信託公司應在公告發布後遞交相應材料。

　　（3）實施機構制定的 PPP 實施方案，必須通過物有所值評價（判斷是否採用 PPP 模式）和財政承受能力評估。

(4）政府公布通過社會資本資格預審的名單。

(5）政府批准實施機構提交的 PPP 實施方案，發布社會資本競爭性磋商採購公告。若信託公司在資格預審通過的名單中，則應遞交正式的響應文件即標書。

(6）競爭性磋商達成一致後確定為預中標，進入公示期。公示期結束後，若無異議則確認獲得中標資格。若信託公司中標成功，則將簽署全套法律文件：PPP 項目特許經營權協議、合資合同、公司章程、營運維護績效指標及各類保函、其他支撐性文件等。

(7）簽署 PPP 合同。PPP 合同的簽約主體是政府的實施機構和項目公司，而不是社會資本本身。以信託公司作為社會資本參與 PPP 為例，在 PPP 合同簽署環節，是由信託公司及其他社會資本共同組建的項目公司與項目實施機構簽署合同。PPP 合同的核心是授予項目公司特許經營權，使項目公司獲得政府的財政補貼。

信託公司和 PPP 項目的結合，除了信託公司作為社會資本參與 PPP 項目外，PPP 項目的資產證券化可能會成為重要的融資渠道之一；同時，資產證券化有望成為增加社會資本股權流動性、實現信託計劃從項目公司退出的方式。不過資產證券化操作複雜，綜合費用高，可能會衝減原本並不高的項目收益。此外，信託公司還可探討參與地方政府的產業基金母基金，或與地方政府合作發起產業基金，以此來參與 PPP 項目。

總體而言，PPP 模式將成為今後基礎設施建設領域的主要方式；但是，PPP 項目前期溝通環節多、涉及政府部門廣，而且資金期限長、規模大、相關法律關係複雜，對項目本身的盡職調查難度頗大，參與 PPP 項目對於信託公司的專業性要求較高。

（七）互聯網金融助推信託業發展

互聯網發展日新月異，迅速地改變人民的生活方式，在這種情況

下，如何借力互聯網，突破融資類業務的桎梏，彌補信託產品缺乏流動性的短板，向投資型、事務性方向轉變，是各家信託公司不斷探索開展互聯網金融業務的目標。

目前，信託公司開展互聯網金融業務主要有搭建信託產品銷售平臺、受益權流轉平臺、受益權增信 P2P 平臺及與外部互聯網金公司合作等幾種模式。總的來說，各家信託公司互聯網金融業務仍處於嘗試階段，屬於圍繞信託產品的外延式擴張，且基礎資產以本公司發行的信託產品為主。此外，由於宏觀經濟的不利影響，部分業務開展遇到阻力，信託公司開展互聯網金融業務的路途上仍將不斷探索。

主要信託公司的互聯網金融業務開展情況表

信託公司	互聯網金融業務開展情況
平安信託	平安財富寶：面向中高端客戶的互聯網金融服務平臺，分為純線上與O2O 營運兩大部分；主要為客戶提供投資理財、融資貸款、資產管理服務以及金融社交、尊享 VIP 服務和其他生活服務。
中融信託	中融金服：對接高淨值客戶的流動性需求和大眾對低風險投資品的需求，既為信託投資者提供了融資服務，解決其中短期的資金需求，又為普通大眾提高了較低風險、較高收益的互聯網金融產品。
中信信託	與百度合作搭建互聯網消費眾籌平臺。
華寶信託	網上信託、流通寶（為信託投資者提供流動性）。
上海信託	網上信託、贏通平臺（上海信託旗下的互聯網金融及財富管理平臺）、在線同業資產交易平臺。
外貿信託	小微金融業務：小微金融管理系統整合了黑名單數據資源形成了自身的徵信輔助系統，對接了電子簽章系統、第三方支付系統和中國人民銀行徵信系統等。
中航信託	創設一站式客戶帳戶體系「鯨錢包」，面向中產階層打造的綜合金融服務平臺。

資料來源：信託公司 2015 年度報告

在產品方面，互聯網金融產品層出不窮，對信託產品的設計和營銷方式帶來了極大的改變，要求信託公司必須提高其產品設計能力，而不是繼續走債權融資的老路，利用雲計算、移動互聯網、大數據等技術手段，改變傳統金融的營運模式，並依法發起設立網路銀行、網路保險、網路證券等依託互聯網為營運載體和銷售渠道的創新型網路金融機構。在客戶方面，互聯網金融讓客戶的投融資、理財等行為變得高效，在產品種類繁復的情況下，客戶的選擇餘地變大，信託產品之間的競爭更為激烈，這就要求不斷提升服務水平、改善客戶體驗，投資者分類的必要性將凸顯出來；由此在經營模式方面產生重大變革。

不僅如此，信託公司對互聯網應用的效益還不在其本身，在於互聯網對其他業務的促進作用；在具體的業務實踐過程中，互聯網金融的發展為信託公司創新業務的開展提供了良好的生態圈和技術支撐。信託公司通過搭建互聯網金融平臺，實現信託受益權流轉，不僅可以彌補流動性差的短板，還可以借助於「互聯網+」思維模式，將公益信託、消費信託、證券投資信託、QDII 等產品納入到互聯網之下，提高效率、降低交易成本，拓展業務領域，豐富業務種類。

（八）公益信託成為信託公司擴大影響力的重要途徑

根據相關法律，公益信託是指出於公共利益的目的，為使社會公眾或者一定範圍內的社會公眾受益而設立的信託。根據信託公司披露的年報，2015 年度開展公益信託業務的信託公司有 7 家。其中，中原信託成立了「中原財富-樂善 1 期-善行中原」公益信託計劃（鄭州市民政局批准），用於鄭州慈善總會的社會公益慈善項目；萬向信託推出了「萬向信託-翡石慈善基金信託計劃」以及國內首個水基金信託——善水基金 1 號；廈門信託成立了「廈門信託-廈門農商-廈門市慈善總會」公益信託（廈門市民政局批准），信託資金用於廈門市慈善總會的慈善

公益項；該公益信託通過以「社團法人+信託公司+銀行機構」共同發起的模式，解決了現階段公益信託普遍存在的開具捐贈發票、公益事業管理部門審批和公益捐款公募資格的幾大難題。

根據中國公益信託的開展情況，目前主要有三種模式：

（1）標準公益信託模式：信託公司開展標準公益信託，需經公益事業管理機構和地方銀監局審批，設立信託監察人（一般由會計師事務所或律師事務所擔任）對受託人行為進行監督，並由商業銀行進行資金第三方保管；信託公司主要負責資金的募集，以及通過專業化運作實現信託財產的保值增值；信託財產及其收益必須用於公益目的。

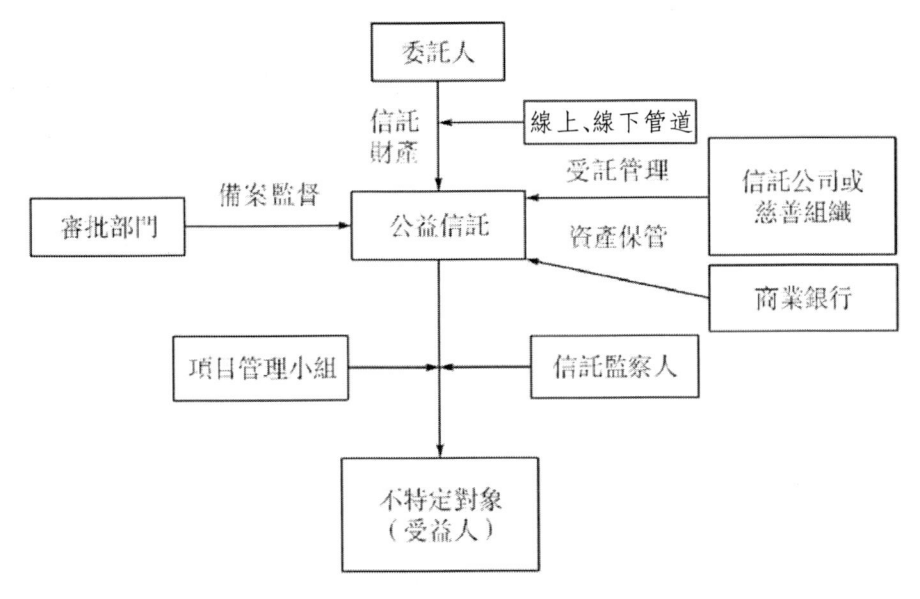

標準公益信託的交易結構圖

資料來源：用益信託網

（2）私益信託附帶公益捐贈的模式：具備公益性質的集合資金信託計劃是實踐中更多信託公司採取的一種模式。在該類信託計劃中，委託人的首要目的是投資與盈利，在此基礎上再附帶設置一個捐贈合同。由於標準公益信託要求「完全公益」，故此類信託只能算是「準公益信

託」。相比標準公益信託，準公益信託存在審批環節更加簡便、條款設置更加靈活等優勢，對於是否設置信託監察人無硬性要求。

（3）非營利法人以信託形式委託理財：實踐中也存在非營利法人（例如基金會、社會團體等）將財產以委託理財方式將公益資金委託給專業的資產管理機構（包括信託公司、資產管理公司等）進行理財，以實現其資產增值保值目的的做法。此類信託中，委託人和受益人都為特定的非營利法人，是私益信託中的自益信託，適用的是非盈利法人從事經營性活動的相關規則。

2016年3月16日，《中華人民共和國慈善法》（以下簡稱《慈善法》）經全國人民代表大會審議通過，並將於今年9月1日起正式實施。本次《慈善法》的重要突破是在第五章專列了慈善信託，將信託確立為中國慈善公益事業的重要機制之一。同時，《慈善法》還明確了慈善信託屬於公益信託，由民政部門進行備案管理，信託公司可以作為受託人管理慈善信託等重要事項。業內與媒體預測，《慈善法》的出抬將進一步激發信託公司參與公益事業的熱情，公益信託有望成為信託公司轉型的重要業務領域之一。

在開展公益信託業務時，信託公司除充當受託人以外，還可以適當創新業務模式，將公益信託嵌入現有的產品服務鏈條，比如把公益信託作為家族財富管理的一個有益補充，從而優化業務結構，提升客戶體驗，在信託公司踐行社會責任的同時，也能實現自身盈利的要求。

四、總結

通過分析可以發現創新業務的拓展正從「機會主義」向發揮信託製度優勢轉變，從以項目為中心向以客戶為中心轉變；同時，由於各信託公司資源稟賦不同，創新的方向也有所差異。比如，有的信託公司憑

藉私人財富管理方面的優勢，戰略性佈局私人財富管理業務，從而適應投資者的多元化資產管理需求和高淨值客戶的財富管理需求；有的信託公司加大了具有浮動收益特徵的權益性產品和基金型產品的開發；有的信託公司著重於基礎產業業務模式升級，探索政府合作新模式；有的信託公司則根據股東資源優勢，做大做強農業信託、節能減排等特色業務。

公司在開展創新業務時：第一，要根據自身的資源稟賦及股東的資源選擇合適的業務領域，明確公司的業務定位；第二，可參考行業內創新業務的開展情況，選擇業務模式較為成熟的業務開展試點；第三，需不斷完善公司的業務流程並加大對創新業務的考核傾斜力度，以吸引公司員工加大對創新業務的開拓力度；第四，部分創新業務可能不能直接盈利或盈利較少，但從整體效應來看，這種業務與其他業務組合能夠創造更大的收益，比如消費信託能夠增加投資者的黏性、公益信託能夠提高公司的社會聲望等。

當創新業務形成清晰的盈利模式並可大批量複製時，即可轉化為公司的主營業務之一，並由此可成為推動公司實現可持續發展的動力和支撐。

參考文獻：

[1] 馬亞明. 現行規制下信託公司拓展產業基金的模式研究 [J]. 河南金融管理幹部學院學報, 2006 (4).

[2] 呂晶晶. 家族信託的「中國版圖」[J]. 金融博覽, 2014 (8).

[3] 劉永剛. 人壽保險信託及其在中國的發展研究 [J]. 商業經濟, 2010 (2).

[4] 顏玉霞. 消費型信託的「春天」[J]. 金融博覽, 2015 (8).

［5］翁晟.「互聯網+」時代，信託業的結構創新［J］.金融博覽，2015（20）.

［6］高敏.PPP：新型城鎮化融資新途［J］.中國經濟信息，2015（7）.

［7］信託6月報：數量規模環比激增 收益率繼續下滑［J］.金融界，2016.

［8］黃曉娟.中國證券公司資產證券化產品設計研究［D］.廈門：廈門大學，2014.

註：本文論述時，引用的相關各信託公司2015年度報告，披露於《中國證券報》《上海證券報》《金融時報》。

國家圖書館出版品預行編目(CIP)資料

中國信託行業熱點問題研究 ／ 中鐵信託博士後創新實踐基地 著. -- 第一版.-- 臺北市：崧博出版：崧燁文化發行, 2018.09

　面　；　公分

ISBN 978-957-735-464-8(平裝)

1.信託業 2.中國

563.392　　　　107015188

書　　名：中國信託行業熱點問題研究
作　　者：中鐵信託博士後創新實踐基地 著
發行人：黃振庭
出版者：崧博出版事業有限公司
發行者：崧燁文化事業有限公司
E-mail：sonbookservice@gmail.com
粉絲頁　　　　　　　　網　址：
地　　址：台北市中正區重慶南路一段六十一號八樓815室
8F.-815, No.61, Sec. 1, Chongqing S. Rd., Zhongzheng Dist., Taipei City 100, Taiwan (R.O.C.)
電　　話：(02)2370-3310　傳　真：(02) 2370-3210
總經銷：紅螞蟻圖書有限公司
地　　址：台北市內湖區舊宗路二段 121 巷 19 號
電　　話：02-2795-3656　傳真：02-2795-4100　網址：
印　　刷：京峯彩色印刷有限公司（京峰數位）

本書版權為西南財經大學出版社所有授權崧博出版事業有限公司獨家發行電子書繁體字版。若有其他相關權利及授權需求請與本公司聯繫。

定價：400 元
發行日期：2018 年 9 月第一版
◎ 本書以POD印製發行